Alice Schwarzer
ROMY SCHNEIDER

Alice Schwarzer

ROMY SCHNEIDER

Mythos und Leben

Kiepenheuer & Witsch

3. Auflage 1998

© 1998 by Verlag Kiepenheuer & Witsch, Köln
Alle Rechte vorbehalten. Kein Teil des Werkes darf in irgendeiner
Form (durch Fotografie, Mikrofilm oder ein anderes Verfahren)
ohne schriftliche Genehmigung des Verlages reproduziert
oder unter Verwendung elektronischer Systeme verarbeitet,
vervielfältigt oder verbreitet werden.
Umschlaggestaltung und Bildlayout: Karen Scholz
Umschlagfoto: Gabriele Jakobi
Gesetzt aus der Walbaum Standard
bei Kalle Giese Grafik, Overath
Reproduktionen: Wüst, Köln
Druck und Bindearbeiten: Friedrich Pustet, Regensburg
ISBN 3-462-02740-9

INHALT

DIE SCHÖNE UND DAS BIEST   9

DER FILMSTAR UND DIE FEMINISTIN   21

STATIONEN EINES LEBENS

Frühe Prägungen – 1938 bis 1953   35

Der Aufbruch – 1953 bis 1954   55

Der erste Triumph – 1955 bis 1958   71

Der Ausbruch – 1959 bis 1964   99

Die reuige Rückkehr – 1965 bis 1970   129

Der zweite Triumph – 1970 bis 1974   151

Ein letzter Versuch – 1975 bis 1980   173

Das Nahen der Nacht – 1981 bis 1982   199

Textnachweis   217

Fotonachweis   219

DIE SCHÖNE UND DAS BIEST

Romy Schneider betritt das Kölner Fernsehstudio. Sie trägt einen schwarzen Hosenanzug, dessen Beine so weit geschnitten sind, daß er wie ein schmaler Rock wirkt. Über dem schlichten, tiefen V-Ausschnitt baumeln lange, zartgliedrige Mode-Ketten. Auf dem Kopf hat sie eine enge schwarze Kappe, leicht schräg ins Gesicht gerückt, unter der die Haare vollständig verschwinden und die ihre hohe klare Stirn zur Geltung bringt. Geschminkt ist sie, wie immer, perfekt: ganz Gesicht und Ausdruck, ganz Sensibilität und Sinnlichkeit.

Wir schreiben den 31. Oktober 1974. Es ist kurz nach 22 Uhr, über den TV-Schirm flimmert die Talkshow »Je schöner der Abend...«. Und in den nächsten 50 Minuten wird sich vor den Augen der gebannten deutschen Nation etwas abspielen, was mehr über Romy Schneider aussagt, als Hunderte von Artikeln es je konnten oder wollten.

Zu diesem Zeitpunkt ist Romy Schneider 36 Jahre alt, sie hat 43 Filme gedreht, hat die Beziehung mit Alain Delon und die Ehe mit Harry Meyen hinter sich, ist Mutter eines Sohnes und hat dreimal das Land gewechselt: von Deutschland nach Frankreich, von Frankreich nach Deutschland und wieder von Deutschland nach Frankreich. Jeder Länderwechsel ist immer auch ein Einschnitt in ihr Leben, und mit jedem Wechsel ist die Hoffnung auf eine Wende verbunden.

In Köln ist Romy Schneider nicht zum ersten Mal. Hierhin wurde die vierzehnjährige Rosemarie Albach, die zu raschem Filmruhm als Romy Schneider kam, 1953 von Mutter Magda Schneider aus der Klosterschule Goldenstein in Berchtesgaden in die noch zertrümmerte Nachkriegsstadt und den Nierentischprunk ihres Stiefvaters Hans Herbert Blatzheim geholt. Ein geschäftstüchtiger, halbseidener Gastronom, der in den frühen 50er Jahren die Inkarnation des deutschen Wirtschaftswunders war: Wir sind wieder wer! Er wurde auch jetzt Romys »Daddy« und sollte als solcher später nicht nur für die junge Schauspielerin, sondern auch für die junge Frau eine fatale Rolle spielen.

All das geht Romy Schneider an diesem Oktoberabend des Jahres 1974 durch den Kopf. Es hat sie schon Wochen zuvor beschäftigt. Als Talkmaster Dietmar Schönherr, von Beruf Schauspieler wie sie, von einem Vorgespräch in Paris zurückkommt, weiß er zu berichten, daß sein Gast Angst hat: »Ich habe den Eindruck, daß meine Landsleute mich förmlich hassen«, hatte sie zu ihm gesagt. Angst vor »den Deutschen«, Angst überhaupt. – »Ich kann da vielleicht eine Menge zurechtbiegen«, plaudert Schönherr locker in Vorgesprächen mit der Presse. Biegen wird er an diesem Abend, nur: eher verbiegen als zurechtbiegen.

Noch bevor Romy Schneider das Fernsehstudio überhaupt betritt, kündigt der Talkmaster den Weltstar mit den folgenden Worten an: »Sie hat sich in Deutschland und im deutschen Sprachraum sehr rar gemacht, denn sie ist ängstlich. Sie hat eine gewisse Scheu vor Menschen.« Und er hat auch schon einen gutgemeinten Rat für das

Studiopublikum: »Sie können ihr helfen, wenn Sie sie sehr herzlich begrüßen.«

Klatschen. Auftritt Romy Schneider. Sie ist der zweite Gast. Es sitzt schon da: Der Ex-Europameister im Mittelgewichts-Boxen Bubi Scholz, der ein paar Jahre später nicht mit seinen Fäusten, sondern mit seiner Knarre eine zweite, triste Berühmtheit erlangen wird. An diesem Abend ist es seine Aufgabe, den »Boxkampf des Jahrhunderts« zu kommentieren, der in der Nacht zuvor stattgefunden hatte. Cassius Clay alias Muhammed Ali schlägt George Forman. Ein »Jahrhundertereignis« für Zuhälter wie Intellektuelle.

Klar, daß so ein Boxer keine Angst kennt, auch Scholz nicht. Gelassen und selbstironisch sitzt er da in einem etwas zu blauen Anzug und plaudert aus seinem Leben, erzählt von dem »Bubi«, der er mal war und der sich nichts mehr gefallen lassen wollte. Also wurde er Europameister.

Auftritt Romy. Sie ist gerade auf dem zweiten Höhepunkt ihrer Karriere, ist im Frankreich dieser 70er Jahre eine ähnliche Filmlegende wie im Deutschland der 50er. Damals allerdings war sie mit sechzehn Jahren als nichts verstehende, kindlich-unschuldige Sissi zum Mythos geworden. Heute ist sie mit sechsunddreißig der Mythos der alles verstehenden, reifen Frau. Ihre Inszenierung an diesem Abend als femme fatale könnte anti-deutscher, anti-sissiger nicht sein. Die Botschaft ist eindeutig und offensiv.

Doch die Frau ist defensiv. Und stumm. Sie sitzt da und kriegt kein Wort heraus. Nur Schönherr redet und redet.

Noch nie sei sie »so schön und so umstritten« gewesen. Womit er den, speziell für das deutsche Publikum, quälenden Tatbestand meint, daß »unsere Sissi« in Frankreich vorzugsweise amoralische Frauen oder verfolgte Jüdinnen spielt. »Um ein Signal gegen die Nazitypen zu setzen, die in Deutschland noch immer etwas zu sagen haben«, hat sie im STERN erklärt.

Nach einem langen, langen Schweigen sagt Romy einen Satz. »Die Menschen in diesem Land können sich nicht damit abfinden, daß Romy nicht mehr Sissi ist.« Und wieder Schweigen. Minuten später fügt sie hinzu: »Ich war noch nie Sissi. Das war nur eine Rolle.« Und wieder Schweigen. Nur Schönherr redet und redet. Sie solle sich doch einfach vorstellen, der Auftritt heute abend wäre eine Rolle, sie sei schließlich Schauspielerin. Romy: »Ja, das wäre leichter.« Wieder Schweigen. Und Bubi Scholz, der lächelt dazu.

»Ich bin ein sehr stummer Mensch«, hat Romy Schneider einmal gesagt. »Aber wenn ich den Mund auftu, fang' ich an zu schreien.« An diesem Abend schreit sie nicht. Sie schweigt.

Nicht aus Arroganz. Aus Angst. Aus Unsicherheit. Aus Schwäche. Ihr Blick ist gesenkt, ihre Hände sind ineinander verkrampft.

So muß sie auch im Kreis der 16 Mädchen gesessen haben, wenn abends die Mutter Oberin im Stechschritt ihren letzten Kontrollgang im Rittersaal des Internats Goldenstein gemacht hat. Doch das ist lange her. Seither machte Romy Weltkarriere. An den Kinokassen brach sie alle Rekorde, nicht nur in Deutschland und Frankreich wird sie als Weltstar gehandelt und von Millionen Frauen und Männern bewundert und begehrt. Doch das alles kann ihre Panik in dieser Situation nicht mildern.

Um ihr über die Verlegenheit zu helfen, blendet Schönherr eine Szene des Films ein, der am nächsten Tag in Deutschland anlaufen wird: »Le train«, die Geschichte der als Jüdin verfolgten Anna Kupfer auf der Flucht und ihre Begegnung mit einer letzten Liebe, die für beide tödlich endet. Der Start dieses Films ist der Grund, warum Romy Schneider heute hier sitzt. Sie soll Promotion machen. Doch sie kann es nicht.

Als eine Szene aus »Le train« hinter den Talkenden auf dem Bildschirm eingespielt wird, wendet die Hauptdarstellerin sich ab mit dem Satz: »Ich kann mich nicht sehen.« 20 Jahre und 47 Filme lang immer nur die schöne Fassade – aber was ist dahinter?

Als Bubi Scholz erklärt, er sei zufrieden mit seinem Leben, flackert ihr Blick zum ersten Mal an diesem Abend ironisch auf. »Ich bin nie zufrieden«, sagt sie, in dem ihr eigenen melodischen Singsang. Und ungefragt fügt sie hinzu: »Ich habe niemals ein Meisterwerk zustande gebracht.« – Die Herren gucken erstaunt.

Hier spricht kein Star, der 20 Jahre Erfahrung mit Medien und Öffentlichkeit hat. Hier spricht eine Frau, der es bis heute nicht gelungen ist, ihre Ängste und ihre an Selbstverleugnung grenzende Bescheidenheit in den Griff zu bekommen, noch nicht einmal für diese eine Stunde. So vergehen quälend langsam zwanzig aufschlußreiche Minuten, lärmend überschwafelt von der beginnenden deutschen Talkshow-Unkultur.

Doch dann passiert etwas: Der dritte Gast betritt die Szene. Es ist Burkhard Driest, damals ein frisch bekannt gewordener Name. Platzende Jeans, schwarze Lederjacke und schwarzes Hemd, halboffen, die behaarte Brust darunter geschmückt mit der für diese Art von Inszenierung obligatorischen Goldkette. Driest ist in jeder Beziehung das exakte Gegenteil von Schneider. Er hat keinen Beruf und schon gar keine Weltkarriere und ist nur bekannt geworden, weil er kurz vor seinem Jura-Examen eine Bank ausgeraubt und über die Gefängniszeit ein Buch geschrieben hat, und gerade spielt der Laie die Rolle seines Lebens auch auf der Theater-Bühne, auf der er zuvor noch nie gestanden hat: die des Proleten Kowalski in »Endstation Sehnsucht«, der die Schwester seiner Frau, die alternde, psychisch verstörte, bürgerliche Blanche, vergewaltigt.

Driest fläzt sich in den Schalensessel, spreizt die Beine und ballert in die verdruckste Runde: »Ist über mich hier schlecht gesprochen worden?« Nein, ist nicht, obwohl es an Anlässen nicht gemangelt hätte. Schlappe 7.000 Mark hatte der Held bei seinem Bankraub ergattert. Und die Kowalski-Rolle, berühmt geworden durch Marlon Brando im Film, verdankte er weniger seinem Talent als dem exhibitionistischen Kalkül des Regisseurs auf die Übereinstimmung von Leben und Rolle.

Macht nichts. Der Kerl im modischen Zuhälter-Look legt los. Lässig plaudert Driest über sich und die Welt. Und das, versteht sich anno 1974, im aktuellen Politjargon. Der Spontaneismus der »Spaßguerilla«, die lieber mit Mohrenköpfen als mit Molotowcocktails warf, hatte sich gerade ebenso totgelaufen wie der »bewaffnete Kampf gegen den Imperialismus« der »Roten-Armee-Fraktion«, dessen AnführerInnen im Hochsicherheitstrakt gelandet waren; inklusive Polit-Held Andreas Baader (platzende Jeans, schwarze Lederjacke, schwarzes Hemd), der vor seinem Abtauchen in den terroristischen Untergrund auch schon mal als Zuhälter kassiert hatte.

Nun sind Organisation und Ordnung auch in der neudeutschen Linken Parole, und zu der zählte Driest sich unüberhörbar. Sein Bankraub sei keine politische Tat gewesen, denn politisch sei nur ein Streik oder die organisierte DKP, aber diese »Adenauer-Ära ohne Humanismus und Perspektive« habe ihn, Burkhard Driest, eben »einfach sauer gemacht«. Es folgen Platitüden über das Wesen der Schauspielerin und den Beruf des Schauspielers...

Romy hört zu. Romy staunt. Romy ist beeindruckt. Romy ist vor allem erleichtert, daß die sie so einschüchternde Aufmerksamkeit von ihr abgelenkt ist. Wie der Kerl rangeht! Schon immer hatte sie eine Schwäche für diese Art von Filou-Charme à la »Pappi« und Alain Delon. »Ich brauche Stärke«, hatte sie zehn Jahre zuvor in einem Brief nach der Trennung von Delon geschrieben. »Ich brauche einen Mann, der mich gewaltsam in die Knie zwingt.« Der hier scheint so einer zu sein.

Romy Schneider, die – nach ihren eigenen Worten – in ihren Rollen so viel weiß und in ihrem Leben so wenig, schlüpft nach quälenden Minuten der Hilflosigkeit flugs in die ihr vertrauteste Rolle: die der Verführerin. Neben dem Mann Driest kann sie die Frau spielen, diesen Part beherrscht sie perfekt. Romy Schneider entspannt sich, sie lächelt wissend.

Als Driest gerade wieder einen besonders lässigen Spruch klopft, greift sie kurz nach rechts, berührt seinen Ellbogen und sagt: »Sie gefallen mir. Sie gefallen mir sehr.« Ein Stöhnen geht durch die deutsche Fernsehnation. Dieser Satz wird die deutsche Presse noch Tage, Wochen, ja Monate lang bewegen. Denn schließlich hat »unsere Sissi« uns damit ein zweites Mal verraten. Der erste Verrat war, als die herzige »Jungfrau vom Geiselgasteig« die Sissi-Brocken hinwarf und durchbrannte nach Paris zu Alain Delon. Unsere Sissi mit so einem. Aus der Jungfrau der Nation war das Franzosen-Flittchen geworden. Und jetzt auch noch das...

Doch den Driest kann das alles nicht erschüttern. Er wendet noch nicht einmal den Blick zu Romy. Er kennt seine Rolle. Härte ist angesagt. Die macht Frauen bekanntermaßen schwach.

Am Tag darauf hagelt es Schlagzeilen. Skandal! Unsere Sissi flirtet vor aller Augen mit diesem Typen. »Romy blieb die ganze Nacht bei dem wilden Burkhard«, titelt die Boulevardpresse. Und: »Romys Nacht mit diesem irren Typen«. Wahrheit oder Produkt neidvoller Phantasien? Egal. Verbrieft ist nur ein später Tanz im schrägen Rockkeller – und daß Romy Schneider sich kein Hotelzimmer in Köln, sondern in Düsseldorf hatte reservieren lassen. Köln, das ist anscheinend »zu dicht bei zu Hause« (wie Tina Turner es einmal formuliert hat, als man ihr antrug, die Rolle einer geschlagenen Frau zu spielen). Doch eines ist ganz sicher: Gefrühstückt hat Romy

Schneider, die sich als erwachsene Frau sexuelle Freiheiten wie ein Mann nahm, ganz sicher nicht mit Driest. Denn: »Gefrühstückt habe ich in meinem Leben noch nicht einmal mit einer Handvoll Menschen.«

»Sie gefallen mir.« Diese drei Worte wurden in Deutschland zum »Wort des Jahres«. Es blieb allerdings der ZEIT vorbehalten, die Begegnung der Schönen mit dem Biest nicht nur erotisch, sondern auch psychologisch zu interpretieren. Sie befand, daß in dieser Phase der ausklingenden »Politisierung« und der beginnenden »Innerlichkeit« hier »das vom Leben gezeichnete feinsinnige Bewußtsein laut mit dem grobschlächtigen, kriminellen Unterbewußtsein in uns allen« gesprochen und geraderaus gesagt habe: »Sie gefallen mir sehr.« Und genau das sei »wahrer als jede Wirklichkeit« gewesen.

Da ist vielleicht etwas dran. Doch war an diesem Abend das Vordergründige noch wahrer als das Hintergründige. Man mußte nur hinsehen. Und hinhören. Wie zum Beispiel Romy Schneider gesagt hat: »Man kann nicht mit der Vergangenheit fertig werden.« Oder wie Zeremonienmeister Schönherr geprahlt hat: »Was für ungeheuer schlagkräftige Burschen da um sie herum sitzen!« In der Tat. Schlagkräftiger, als es einer Frau lieb sein kann.

1979, fünf Jahre später, wird die Schauspielerin Monika Lundi so schwer verletzt in ein kalifornisches Hospital eingeliefert, daß dieses, so verlangt es das amerikanische Gesetz, automatisch Anzeige erstattet: wegen Vergewaltigung. Lundi gibt zu Protokoll, der Täter sei ihr Kollege Burkhard Driest gewesen, wie Lundi zu Dreharbeiten in Amerika. Der streitet ab, aber sagt zu Lundi in einem späteren Telefongespräch: »Du bist 'ne Frau, die das braucht. Das weißt du selber nur noch nicht.« Es sind die Jahre, in denen Frauen erstmals öffentlich über Vergewaltigung im Bett und auf der Straße reden. Die Berichterstattung macht den Fall Lundi/Driest zum Exempel für die Geschichte vom schuldigen Opfer und unschuldigen Täter. Und auch dieses Verfahren geht aus wie das Hornberger Schießen. Am Ende hat das Opfer nicht nur den Schaden, sondern noch den Spott dazu.

1984, zehn Jahre später, erschießt Bubi Scholz seine Frau Helga mit einem Kleinkalibergewehr durch die geschlossene Tür der Toilette, in der seine Frau sich aus Angst eingeschlossen hatte. Auch sein Prozeß wird zum Exempel, wird zum Paradeprozeß für den Gattinnenmord. Denn inzwischen war auch das auf den Tisch gekommen: daß es das Leben kosten kann, wenn ein Mann durchdreht, das Leben seiner eigenen Frau. Der Prozeß gegen Scholz verläuft, wie so oft in Fällen »gekränkter Männerehre«, glimpflich für den Täter, denn natürlich war die tote Helga eine »Nervensäge«. Ein Jahr später hat der Mörder Freigang, fünf weitere Jahre danach wird er entlassen und heiratet eine Ex-Angestellte seiner toten Frau.

1982, acht Jahre später, wird Romy Schneider in Paris am 29. Mai morgens um sieben Uhr von ihrem damaligen Lebensgefährten Laurent Pétin tot an ihrem Schreibtisch gefunden. Diagnose: Herzstillstand.

An diesem Tag wird die nicht nur in dieser Talkshow so stumme Romy Schneider erst gesprächig, als die Sendung plötzlich zu Ende geht. »Ich hätte so gerne noch etwas zu ihm gesagt«, redet sie in den Abspann hinein. »Ich hätte ihn so gerne noch was gefragt...« Ihn, Driest. Was, das erfahren wir nicht. Aber wir sehen, daß noch nicht einmal diese offensive Sympathiebekundung einen Driest dazu bewegen kann, Romy auch nur einen Blick zu gönnen. Der Selbstdarsteller guckt geradeaus auf den Monitor – auf dem sieht er das Interessanteste auf der Welt: sich selbst.

DER FILMSTAR
UND DIE FEMINISTIN

Zwei Jahre später, am 12. Dezember 1976, sitze ich nicht vor dem Fernseher, sondern mit Romy live in Köln. Hier in dem kleinen, kajütenartigen Penthouse über der EMMA-Redaktion, einen Steinwurf weit entfernt vom Dom, wohne ich in den ersten ein, zwei EMMA-Jahren. An diesem Abend ist sie gar nicht stumm. Sie redet und redet – als rede sie um ihr Leben. Bis spät in die Nacht hinein. Wir sprechen überwiegend Französisch zusammen, obwohl wir beide Deutsche sind. Es ist ihr Wunsch, und mir macht es Spaß, drei Jahre nach meinem Abschied von meinem Leben in Paris wieder darin einzutauchen. Gleichzeitig aber fühlen wir uns beide so hoffnungslos deutsch. Und das scheint nicht das einzige, was uns in Romys Augen verbindet. »Wir sind auch«, sagt Romy, »die beiden meistbeschimpften Frauen Deutschlands.«

Was sie damit meint? Daß wir beide, sie wie ich, in diesen Monaten ganz besonders gerne und ganz besonders hämisch durch die Medien gezogen werden. Wenn auch aus ganz unterschiedlichen Gründen: Sie als die abtrünnige Sissi, die sich zu viele Freiheiten nimmt, auch sexuelle – ich als die frustrierte Feministin, die nach dem Skandal vom »Kleinen Unterschied und seinen großen Folgen« (meinem 1975 erschienenen Buch über die Rolle der Sexualität zwischen Frauen und Männern) nun auch noch eine Zeitschrift für Frauen macht.

Für die für Anfang 1977 geplante erste Ausgabe von EMMA hatte ich einige Wochen zuvor Romy in die Rue Berlioz geschrieben und ihr erklärt, warum ich gerade sie für die erste Ausgabe porträtieren möchte. Im November sahen wir uns dann zum ersten Mal in Berlin, wo sie die Leni in Bölls »Gruppenbild mit Dame« drehte.

Ich traf sie, zusammen mit ihrer Freundin Christiane, im Restaurant – und war überrascht, wie klein und zierlich sie war. Und, in der Tat, auf den ersten Blick eigentlich unauffällig. Aber an diesem Abend nach den Dreharbeiten zum »Gruppenbild mit Dame« war sie sprühend vor Energie und Witz. Sie trug ihr Haar halblang mit Mittelscheitel und dazu ein schlichtes Kleid und eine gesmokte Strickjacke, wie unsere Mütter sie in den 40ern anhatten. Ins Bett gehen wollte Romy auch an diesem Abend nicht. Noch nachts um eins beschwatzte sie mich, weiterzureden, und kam – nicht ohne im Restaurant zwei, drei Flaschen Champagner zu greifen – mit zu mir nach Hause. Es wurde eine lange Nacht. Und ich begann zu ahnen, daß Romys lange Nächte viel mit ihrer Angst vor Einsamkeit zu tun haben.

Jetzt sitzen wir also in Köln, in dieser von ihr so gefürchteten, weil mit drückenden Erinnerungen belasteten Stadt. – Das war mir ehrlich gesagt damals noch nicht so klar, ich hätte ihre flatternde Verzweiflung an diesem Tag sonst noch besser verstanden. Sie trägt die Haare wie beim letzten Mal in Berlin, diesmal aber ein langes, weites Folklorekleid, wie es gerade Mode ist, allerdings in einer sehr edlen Pariser Ausgabe.

Romy ist angereist, um Heinrich Böll zu besuchen. Sie war in dem Glauben, es sei ihm eigentlich nicht recht, daß sie die Leni spielt, diese Deutsche, die sich in der Nazizeit in einen russischen Kriegsgefangenen verliebt. Das Gerücht, Böll hätte für die Rolle Angela Winkler vorgezogen, hatte Romy sehr verletzt. Gleichzeitig planten wir für diesen Tag das EMMA-Interview.

Kurz vorher rief sie mich an. »Gehst du mit zu Böll? Allein trau' ich mich nicht.« Ich hole sie im Hotel ab, und wir machen uns auf den Weg, ich neben einer nervösen, eingeschüchterten Romy, die tief überzeugt scheint von der unerreichbaren intellektuellen und moralischen Überlegenheit eines deutschen Dichters und Nobelpreisträgers. Böll, der kritische Nachkriegsautor und »gute Mensch von Köln«, wurde in diesem sogenannten »deutschen Herbst« besonders heftig angegriffen: als angeblicher »Sympathisant« der RAF-Terroristen war er in das Fadenkreuz des Bundeskriminalamtes und der Springer-Presse geraten. Was einfach war in dieser Zeit der hysterischen »Terroristen«-Hatz und der inneren Aufrüstung des deutschen Vaterlandes gegen seine Söhne und Töchter, von denen doch nur eine Handvoll die Verhältnisse mit Waffengewalt ändern wollte.

Doch wie es so deutsche (Un-)Art ist, gab es in diesem »deutschen Herbst« plötzlich nur noch Schwarz oder Weiß, Richtig oder Falsch, Gut oder Böse. Wer nicht allzeit bereit war zum Schwur auf das Grundgesetz (Stehen Sie überhaupt auf dem Boden des Grundgesetzes?) und zur

Verdammung von RAF & Co. – der galt als »Sympathisant«. Die »Terroristen«- und »Sympathisanten«-Hatz war zu einer Art Volkssport geworden. Alles, was nicht »normal« war, wurde bespitzelt. Hinter Feministinnen grölten Stammtischbrüder nun nicht länger »Lesbe!« her, sondern »Terroristin!«. Und in einschlägigen Kreisen knackte das Telefon verdächtig oft: der große Bruder hörte mit.

Der eigentlich bedächtig zurückgezogen lebende Böll war mitten in den Trubel geraten, weil er in seinem Roman »Die verlorene Ehre der Katharina Blum« die in der Zeit besonders realistische Geschichte einer unschuldigen Frau erzählt hatte, die Opfer einer Medien-Hatz wird. Und weil er zu den wenigen gehört, die die verlangten Distanzierungs-Rituale standhaft verweigerten und sich auch in dem polarisierten Klima öffentlich Differenziertheit erlaubten. Das alles hat Romy, die gefühlsmäßig immer rasch auf der Seite des Protestes war, sich aber politisch nie wirklich engagiert hatte, tief beeindruckt. »Man sagt«, schreibt sie an Böll, »daß Sie ein sehr mutiger Mann sind, daß Sie sich, furchtlos, aus nichts heraushalten.«

Besuch bei Böll an einem vernieselten Adventssonntag in der Hülchrather Straße. Romy stellt den – sicherheitshalber – mitgebrachten Rotwein auf den Couchtisch, gleich neben die brennenden Kerzen, ein Adventskranz ist vermutlich auch nicht weit. Heinrich Böll reagiert väterlich-freundlich, seine Frau Annemarie serviert Tee. Es vergehen ein, zwei Stunden, in denen Romy zunächst einmal wieder stumm ist und dann beeindruckt (nur daß sie hier nicht in die Erotik-Offensive gehen kann). Zwei sehr verschiedene Männer, aber ein und dasselbe Verhaltensmuster bei Romy Schneider: die bewundernde Unterwerfung.

Im Gegensatz zu Driest aber nimmt Böll sie wahr. Und er hilft ihr liebevoll, die Einschüchterung zu überwinden. Romy beginnt Vertrauen zu fassen und diskutiert mit dem ihr so überlebensgroß scheinenden Schriftsteller ihr Verständnis der Rolle der Leni, mit der sie sich leidenschaftlich identifiziert. Wie immer, über ihre Arbeit sagt sie auch an diesem Tag sehr fundierte, kluge Sätze.

Irgendwann kommt noch Frau Böll dazu, und als unser Tee ausgetrunken ist, machen wir uns wieder auf den Weg. Eine angenehme, ganz und gar undramatische Begegnung. Erst viel später erfahre ich von Romys vor diesem Treffen geschriebenen – und nie abgeschickten – Briefen an Böll. Und auch, daß sie den Nachmittag im nachhinein zu »einer der spannendsten Nächte ihres Lebens« hochstilisiert hatte.

Doch im Leben ist es ganz anders. Wir fahren von der Hülchrather Straße zum Kolpingplatz und steigen die vier Etagen zu EMMA hoch. Neugierig schaut Romy sich um. Die Improvisation und das Arbeitschaos der Redaktionsräume gefallen ihr. Wir klemmen uns die ihr unentbehrlichen Rotweinflaschen unter den Arm und steigen hoch in meine Kombüse, die so klein ist, daß wir uns aufs Bett hocken müssen. Ein langer Abend, der bis in die tiefe Nacht geht, beginnt.

In dieser Nacht sprechen wir über ihre Verzweiflung und ihre Wut, über Mammi Magda und Daddy Blatzheim, über Deutschland und Frankreich, über Arbeit und Liebe –

über Frauen und Männer. Denn der Aufbruch der Frauen war in dieser Zeit in aller Munde und hatte längst auch Romy Schneider erfaßt.

Als es anfing, hatten sie und ich zum ersten Mal miteinander zu tun. Ich war im Frühling 1971 von Paris nach Deutschland gereist, um nach dem Vorbild der Aktion der Französinnen, an der ich mitgewirkt hatte, auch hier Frauen zu finden, die bereit waren, öffentlich zu bekennen: »Wir haben abgetrieben – und wir fordern das Recht dazu für alle Frauen!« Für Deutschland bot ich dem STERN die Aktion an. Es gelang. 374 Frauen hatten den Mut, sich selbst zu bezichtigen, darunter Romy Schneider. Ich hatte ihr geschrieben, und sie hatte mir umgehend geantwortet: »Da bin ich ganz und gar dafür!!!« Dreimal unterstrichen. Drei Ausrufezeichen.

Romy Schneider konnte damals so wenig wie die restlichen 373 ahnen, was losgehen würde nach der Veröffentlichung des Bekenntnisses der Frauen im STERN vom 6. Juni 1971. Denn bis zu diesem Tag war die Abtreibung ein totales Tabu gewesen, über das eine Frau noch nicht einmal mit der eigenen Mutter oder der besten Freundin redete. Abtreibung, das war etwas Heimliches, Schändliches, Lebensgefährliches. Abgetrieben wurde, je nach finanzieller Lage, bei einer Engelmacherin, bei der man verbluten konnte, oder bei einem Arzt, der es zur Strafe (Das kommt davon) gern ohne Narkose tat. Dennoch war es für Romy »einfach selbstverständlich« gewesen, bei dem provokanten Bekenntnis mitzumachen. Auch das verband uns.

Als Romy Schneider an diesem Dezembertag 1976 nach Köln kommt, ist sie beruflich auf dem zweiten Höhepunkt ihres Lebens: Sie ist zwar in Deutschland noch immer die abtrünnige Sissi, in Frankreich aber längst die vergötterte Schneider. Privat macht sie, nach ihrer gescheiterten Ehe mit dem Regisseur Harry Meyen, gerade einen dritten Anlauf, hat ihren Ex-Sekretär Daniel Biasini geheiratet und verspricht sich – wieder einmal – das große Glück.

Zu ihrem Sohn mit dem Ex-Mann soll nun unbedingt noch ein zweites Kind von dem jetzt geliebten Mann kommen. Nach dem Dreh von »Gruppenbild mit Dame« plant sie ein Jahr Pause – und sodann vier Filmprojekte und vielleicht eine Filmfirma zusammen mit Kollegen. Jetzt endlich soll alles klappen, alles auf einmal: Arbeit, Liebe, Sicherheit. Kurzum: das Glück.

Aber noch ist sie müde. Und verzweifelt. Und wütend. Diese zweieinhalb Monate in Deutschland – und das auch noch überwiegend in Berlin, der Stadt, in der sie mit Meyen gelebt hatte – machen ihr mehr zu schaffen, als sie gedacht hatte. Die Sensationspresse verfolgt und belauert sie auf Schritt und Tritt. Selbst der Einkaufskorb ihrer Haushälterin wird nach möglichen Skandalen durchwühlt (wie viele Flaschen Rotwein? wie viele Flaschen Champagner?).

Ihre Stimme ist dunkel und bestimmt bis bestimmend. Sie spricht über ihre Hoffnung, daß wir Frauen keine »Palatschinken« bleiben und in Zukunft weniger mit Männern zu tun haben, die »Waschlappen« sind (beide Begriffe sagt sie, im Fluß des französischen Satzes, auf deutsch). Dreimal fordert sie mich auf, das Tonband anzuhalten (»Arrête la machine!«), und zwar bei den Themen: Daddy Blatzheim, Sexualität und ihr Verhältnis zu

Frauen. Einmal beginnt sie zu weinen. Es ist, als wir über Deutschland sprechen. »Ich finde dich sehr deutsch«, sage ich zu ihr, und sie antwortet: »Das finde ich auch.« – »Aber tut es dir dann nicht weh, auf Dauer im Ausland zu leben?« Sie schweigt lange. Dann sagt sie stockend, halb deutsch, halb französisch: »Das stimmt. Mais si on te fait trop de mal dans le pays d'où tu viens, eh bien, on part.« (Aber wenn man dir in dem Land, aus dem du kommst, zu weh tut – dann geht man eben.) Und dann fängt sie an zu weinen. Die an Frankreich verlorene Tochter wird übrigens lebenslang die deutsche Staatsangehörigkeit behalten.

In dieser Dezembernacht in Köln bricht vieles aus ihr heraus. Doch das meiste erzählt Romy Schneider nicht der Journalistin, sondern der Frau, die ihr zuhört. Was also konnte ich schreiben am nächsten Tag? Mein Konflikt war groß. So kam es, daß ich in dem Artikel – der am 26. Januar 1977 in der ersten Ausgabe von EMMA unter dem Titel »Ich bin es leid zu lügen!« erschien – wenig zitierte und viel kommentierte.

Ich habe den Text dennoch vorab Romy geschickt. Sie hat ihn gelesen und etliche Formulierungen zustimmend unterstrichen, darunter die von dem »Nebeneinander von Dominanz und Demut«. Nachfolgend Auszüge aus meinem Blick 1976 auf Romy Schneider:

Eigentlich sollte es ein richtiges Interview werden. Romy Schneider über ihre Rollen, ihr Image, ihr Leben. Romy, der bundesdeutschen Verkörperung aller Frauenklischees in einer Person: Mit 15 die ›Jungfrau vom Geiselgasteig‹. Mit

21 die ›Hure‹ in Paris. Mit 28 die reuige Ehefrau und Mutter in Berlin. Und heute der französischsprachige Weltstar mit Allüren und einem neun Jahre jüngeren Mann...

Es ist sicherlich nicht übertrieben zu sagen, daß sich am Verhältnis Deutschlands zu Romy die deutsche Einstellung zu Frauen überhaupt ablesen läßt. Sie, die in Paris ›Romy la Grande‹ (Elle) und ›die größte Schauspielerin Europas‹ (Nouvel Observateur) ist, ist und bleibt in Berlin die verlorene Tochter, die in einer Art Haß-Liebe zum Freiwild erklärt wird.

Diese Romy Schneider, 38 Jahre alt, Schauspielerin, zum zweiten Mal verheiratet und Mutter eines Kindes, muß für vieles herhalten. Für die Frau an sich, für die Schauspielerin im besonderen, für die Karrierefrauen neuerdings und, vor allem, für den Star. Über all das wollte ich mit Romy reden. Doch ich traf eine Frau, die mehr Fragen hat als Antworten. Die in einer Phase ihres Lebens ist, in der sie das, was war und ist, in Frage stellt, aber noch nicht weiß, was sein wird.

Wir haben viele Stunden miteinander geredet – aber interviewt habe ich Romy nicht. Das war einfach nicht möglich. Und ich muß gestehen, daß mich in meinen zwölf Berufsjahren als Journalistin noch nie ein Gegenüber so hilflos gemacht hat.

Was für ein entwaffnendes Nebeneinander von Dominanz und Demut, von Intelligenz und Irrationalität! Sie ist eine Frau, die Karriere gemacht hat, ist tüchtig, berühmt und reich – und träumt von der großen Liebe, einem Menschen fürs Leben, dem zweiten Kind und selbstgestrickten Pullovern. Das eine schließt das andere aus. Heute. Aber sie will beides. Sie ist der absoluteste Mensch, dem ich je begegnet bin. Hier! Heute! Jetzt! Sofort! Alles! Oder nichts...

Aus der Meyen-Zeit gibt es Fotos, auf denen sie mit ihm auf dem häuslichen Sofa posiert: sie mit demütig bewunderndem Blick, er in stolzer Hausherrenpose. Sie hat es nicht lange durchgehalten. Denn sie gehört zu denen, die sich erst kleiner machen müssen, bevor sie hochgucken können.

Mir scheint, daß sie mit ihrer Demut oft bewußt oder unbewußt eigene Züge kaschiert, die ihr selbst unheimlich sind und deren Verurteilung als ›unweiblich‹ sie fürchten muß: ihr Talent, ihren Ehrgeiz, ihren Stolz und ihre Aggressivität. Ich glaube, Männer haben immer versucht, sie zu erniedrigen, weil sie Angst vor ihrer Stärke haben müssen.

Auch Meyen schlug zielsicher in eine klaffende Wunde. Er pflegte Romy einen Mangel an Bildung und Intelligenz vorzuwerfen. ›Du liest ja noch nicht mal die Abendzeitung.‹ Romy heute: ›Er hält sich für Professor Higgins, nur bin ich keine Fair Lady.‹ Emanzipation? ›Klar‹, sagt sie. ›Nur hab' ich das erst spät begriffen.‹ Und: ›Aber ich bin nicht in der Frauenbewegung. Ich mag die Bewegung nicht.‹

Romy hat, wie so viele Frauen, mörderische Komplexe. Sie hält leicht, allzu leicht, die anderen für schlauer. Wen nimmt's Wunder? Gehört sie doch zu der Kategorie Mensch, der unablässig eingehämmert wird, sie sei ja eh dumm, weil schön. Frau, Schauspielerin und Star – kann doch nur dämlich sein, oder?

Eines weiß ich beim Abschied von ihr noch gewisser als vorher: Wie unerträglich es ist, in ein Bild, ein Klischee gepreßt zu werden. Es imponiert mir an Romy, daß sie so daran leidet und sich so dagegen wehrt.

Das alles würde ich heute ganz genauso schreiben – aber es ist nicht alles, was ich zu Romy Schneider zu sagen habe. Als ich ihr damals den Text in die Rue Berlioz schickte, schrieb ich zweifelnd dazu: »Ich hoffe, du magst den Text.« Denn: »Ich selbst habe ein gespaltenes Verhältnis dazu, weil ich eigentlich viel mehr zu sagen hätte – ich aber andererseits nicht genug weiß, und es auch nur mit dir zusammen, mit deinem Einverständnis sagen könnte...«

Das ist lange her. Seither hat mich der Fall Romy Schneider nie wieder ganz losgelassen.

Auch die anderen ließ sie nicht los. Nach ihrem Tod am 29. Mai 1982 waren endgültig alle Schleusen geöffnet. Es erschienen zwei, drei einfühlsame Bücher und eine Flut von Artikeln. Darin stand jetzt auch das, was man bis dahin – aus Takt oder aus Angst vor Klagen – zurückgehalten hatte: ihr Tabletten- und Alkoholkonsum, ihre Bisexualität, ihre Ausbeutung durch ihre Männer.

In der Tat hat Romy Schneider, die ja seit ihrem 14. Lebensjahr eine sehr gut verdienende Karrierefrau war, immer für alle bezahlt: angefangen bei Daddy Blatzheim, der große Teile ihres von ihm verwalteten Vermögens verschleuderte, hin bis zu Daniel Biasini, der sich von ihrem Geld seine Ferraris und Yachten kaufte. Die einzige Ausnahme in diesem Punkt scheint Alain Delon gewesen zu sein – bei dem gab es zwar andere Probleme, aber immerhin: Bezahlt hat er für sich selbst.

Romy Schneider, deren Herz im Alter von 43 Jahren nicht mehr weiter schlagen wollte, ist nach ihrem Tod ausgelieferter denn je zuvor. Da – aus Angst vor ihren Schulden – niemand ihr Erbe antrat, vertritt auch niemand ihre Interessen. Keiner kann sie schützen. Nicht vor der Plünderung gestohlener Tagebücher; nicht vor der Verscherung ihrer zahlreichen Briefe; nicht vor der Manipulation und Vermarktung von Dokumenten, die sie vor ihrem Tod Dritten anvertraut hatte. Eine Flut von echten und falschen FreundInnen verbreitet seither ihre jeweilige »Wahrheit über Romy«.

Es ist darum besonders schwierig, die Texte von Romy Schneider selbst, die ihr ganzes Leben lang sehr viel geschrieben hat, anhand der Originaldokumente zu verifizieren. Was von ihr kursiert, sind die bereits zu ihren Lebzeiten publizierten Tagebuchauszüge oder aber posthum veröffentlichte Dokumente und Briefe; Romy Schneider schrieb, wie so viele Frauen, ausschließlich privat. Dabei hatte sie schon als junges Mädchen ein auffallendes Schreibtalent und artikulierte sich ungewöhnlich direkt, bilderreich und in einem ganz eigenen Ton. Ich habe mich darum entschlossen, in meinem Buch aus den bisher öffentlich zugänglichen Texten einige besonders aufschlußreiche Passagen zu zitieren. Das Temperament, die Klugheit und der Witz dieser Texte sprechen für sich und widerlegen das Klischee von Romy.

Nur zwei Menschen hätten, qua Verwandtschaftsgrad, nach Romy Schneiders Tod für ihre Persönlichkeitsrechte eintreten können: Die inzwischen tote Mutter Magda – doch die vermarktete selbst lebenslang ihr »Mausele«

Oben: Rosemarie in ihrem geliebten Mariengrund. Links: Magda Schneider und Wolf Albach-Retty bei der Hochzeit 1937 auf dem Königssee. Rechts: Mutter Magda mit Romy und Wolfi.

Oben: Rosemarie im Internat Goldenstein (rechts außen). Links: Ein Tagebuchauszug. Rechts: Früh übt sich – als Teufel in einer Schülerinnenaufführung.

Links: Die Starkinder in „Wenn der weiße Flieder..." (in der Mitte Götz George).
Oben: Die 16jährige als Kaiserin Sissi.
Links: Der erste Filmkuß
(mit Claus Biederstaedt) – der auch
im Leben Romys erster Kuß ist.

Immer im Dreierpack: Romy, Mutter Magda und Daddy Blatzheim. Romys Stiefvater ist auch ihr Manager.

„Er hat es ganz direkt gesagt, daß er mit mir schlafen wollte." Die frühen Annäherungsversuche ihres „Daddy", Hans Herbert Blatzheim, verfolgen Romy Schneider lebenslang.

und schob im Oktober 1982 ausgerechnet in der BILD-Zeitung noch eine indiskrete, verlogene Serie hinterher (»Leb wohl, Romy«) – und die Tochter Sarah – doch die steht ganz unter dem fragwürdigen Einfluß ihres Vaters Daniel Biasini, von dem Romy sich zwei Jahre vor ihrem Tod getrennt hatte. Und ihr Bruder Wolf, Arzt bei München und bis zuletzt Romys Vertrauter? Der scheint so angewidert von dem ganzen Rummel, daß er bis heute beharrlich schweigt.

Seit meinem Gespräch mit Romy Schneider in Köln sind über 20 Jahre vergangen. »Ich hätte eigentlich viel mehr über dich zu sagen«, schrieb ich ihr damals, »aber ich will das nur mit deinem Einverständnis tun.« Ihr Einverständnis kann sie nicht mehr geben. Ich will also versuchen, ihr auch so gerecht zu werden.

STATIONEN EINES LEBENS

Frühe Prägungen – 1938 bis 1953

Am 23. September 1938 kommt Romy in dem frisch dem großdeutschen Reich angeschlossenen Wien zur Welt. Dort lebt die Mutter ihres Vaters, die Burgschauspielerin Rosa Albach-Retty. Nach vier Wochen verfrachten die Eltern, Magda Schneider und Wolf Albach-Retty, das Kind nach Berchtesgaden, in ihr Landhaus Mariengrund. Von nun an sind Magdas Eltern für Romy und ihren zwei Jahre später zur Welt kommenden Bruder Wolf zuständig.

Die Eltern haben keine Zeit für ein Leben auf dem Land und kommen nur ab und zu zum Ausruhen, denn sie sind beide bekannte, ja berühmte Schauspieler, wenn auch nur im »Trallala-Hopsasa«-Genre (Magda) der braunen Zelluloidfabrik. Das idyllische Haus in der Nähe des Königssees ließ Magda 1936 bauen und holte ihre Eltern weg aus dem Augsburger Installationsgeschäft und hin zu den Enkeln.

Die Lage des Schneider-Hauses ist kein Zufall. Nur wenige Kilometer entfernt hält Adolf Hitler auf dem Obersalzberg Hof. Dem sind Magda und Wolf eng verbunden. Romys Vater, gebürtiger Österreicher, hatte schon vor dem sogenannten Anschluß die deutsche Staatsbürgerschaft beantragt. Und von Romys Mutter berichtet Michael Jürgs in seiner nach Romys Tod erschienenen

Biographie, daß sie Ende der 20er Jahre als Soubrette am Münchener »Theater am Gärtnerplatz« einen Herrn namens Adolf Hitler zu ihren glühendsten Verehrern zählte. Der saß regelmäßig in der ersten Reihe und schickte Blumenbouquets in die Garderobe. »Ich hoffe, Sie wissen, daß ich damals in München nur Ihretwegen ins Theater gegangen bin«, soll der Führer später seinem Star anvertraut haben – und Magda soll sanft errötet sein.

Zu sagen, daß Romys Eltern Mitläufer gewesen waren, wäre untertrieben. Hofschranzen waren sie – und haben sich auch später wenig Gedanken darüber gemacht. So plaudert Mutter Magda in ihrer BILD-Serie nach Romys Tod (»Leb wohl, Romy«) munter über die frohe Kindheit ihrer Tochter und die reizenden Kindergeburtstage im Jagdhaus der Familie Bormann. O-Ton Magda 1982: »Sie wissen: Martin Bormann war der Sekretär Hitlers und der mächtigste, meistgefürchtete Mann hinter den Kulissen des Dritten Reichs. Die Bormanns hatten acht Kinder, also gab's viele Geburtstage.«

Romy Schneider sieht erst Jahrzehnte später diese Zusammenhänge.

Als sie mir in der langen Dezembernacht im Jahre 1976 irgendwann entgegenschleudert: »Ich glaube, daß meine Mutter ein Verhältnis mit Hitler hatte!« – da halte ich das zunächst für das Phantasieprodukt eines besonders heftigen Mutter-Tochter-Konflikts. Doch bei Licht besehen ist es gar nicht ausgeschlossen. Sicher ist, daß Mutter Magda ihre rasante Karriere – auf deren Höhepunkt sie sieben Filme im Jahr drehte – dem Wohlwollen an oberster Stelle zu verdanken hatte. Denn ohne das war eine Filmkarriere in der Nazizeit gar nicht möglich. Die Meister der nationalsozialistischen Propaganda hatten sich die Traumfabrik Film ganz unter den Nagel gerissen und gleichgeschaltet.

Die Tochter hat von der politischen Vergangenheit der Eltern zunächst nichts wissen können und dann nichts wissen wollen. Über die des geliebten »Pappili« hat sie wohl nie nachgedacht. Doch auch die Mutter hat sie, harmoniebeflissen wie Romy war, vermutlich nie gefragt. Aber: Sie hat versucht, Wiedergutmachung auf ihre Weise zu leisten. Ist es ein Zufall, daß der erste Mann, den sie heiratete, Harry Meyen, ein von den Nationalsozialisten als »Halbjude« Verfolgter war, dessen Vater im KZ ermordet wurde? Sicher ist es kein Zufall, daß sie ihren beiden Kindern, David und Sarah, jüdische Namen gab – und das zu einer Zeit, in der das überhaupt nicht Mode war.

Und schon gar kein Zufall ist es, daß Romy Schneider in den letzten Jahren ihres Lebens immer wieder und mit zunehmender Eindringlichkeit Nazi-Opfer spielte. Zum ersten Mal 1973 in »Le train«, wo sie die als Jüdin verfolgte und ermordete Anna Kupfer spielt. Zum letzten Mal 1981 in der »Spaziergängerin von Sans-Soucis«, wo sie die Doppelrolle der Elsa Wiener und Lina Bamstein verkörpert, die beide ihre Gefährten an die alten wie neuen Nazis verlieren.

Romys Identifikation mit den Opfern der Elterngeneration hatte unstreitig politische Motive – aber nicht nur. Vermutlich spielte auch ein ganz persönliches Motiv eine Rolle: Nämlich die Abrechnung einer Frau mit einer Männergeneration, für die in Romys Fall in erster Linie ihr späterer Stiefvater »Daddy« Blatzheim stand. Und das war wohl nicht nur bei Romy so. Wie oft eigentlich haben auch die »Terroristinnen« der 70er und 80er Jahre nicht nur die fremden »alten Nazi-Bonzen«, sondern auch den vertrauten Vater oder Onkel gemeint? Wie oft war es nicht nur der allgemeine politische Haß, sondern auch der ganz persönliche auf den Mann, der sie mißbraucht hatte?

Doch da sind nicht nur Romys Verletzungen, da ist auch ihre Stärke. Die zahlreichen Biographen Romys kommen meist sehr rasch, zu rasch auf ihre Zeit im Internat Goldenstein, wo sie im Alter von zehn bis vierzehn war, und schildern die Dressur, der das Mädchen in dieser frommen Festung ausgeliefert war. Doch was war vorher?

In ihren so entscheidenden ersten zehn Lebensjahren lebt Rosemarie Albach, genannt Romy, fröhlich und frei. Eine sie vergötternde Kinderfrau, die alterstoleranten Großeltern, die Bilderbuchnatur in Berchtesgaden. Und ein kleiner Bruder, der nach ihrer Pfeife tanzt. Folgende bezeichnende Anekdote ist überliefert: Als Wolfi, der Jüngere und Langsamere, mal nicht wie Romy will und beim Lieblingsspiel Verkleiden nicht still genug hält, beschimpft sie ihn temperamentvoll als »Sauhammel, gescherter!«

Ab und an kommen die aus der Ferne bewunderten, fremden Eltern vorbei und erholen sich in Mariengrund vom Streß der Großstadt. Dann darf die kleine Romy mit dem »Pappili« auf die Jagd, was sie besonders liebt. Daß der heißgeliebte Vater ein chronischer Fremdgänger ist und die Ehe schnell kaputt, das bekommen die Kinder so wenig mit wie den Krieg. Erst als sich die Eltern 1945 scheiden lassen, spüren Romy und Wolfi, daß etwas nicht stimmt.

Jahrelang noch wird Magda Schneider die Anzüge vom charmanten Ex bürsten, hoffend, daß er wiederkommt. Und erst viel später wird sie gestehen, daß sie damals an Selbstmord gedacht hat. Die erwachsene Romy: »Acht Jahre hat meine Mutter auf ihn gewartet und seine Ufa-Kostüme in den Schränken auf dem Dachboden gepflegt. Sie hat sich die Augen aus dem Kopf geheult. Als Kind habe ich sie gefragt, warum sie denn weint.«

Doch da die Kinder mit der Mutter wenig zu tun haben, ist dies nur ein kleiner Schatten in der hellen Welt von Mariengrund. Krieg und Nachkriegszeit können der Idylle wenig anhaben. Ab Kriegsende geht Romy jeden Morgen fröhlich in die Zwergschule des nahe gelegenen Dorfes Schönau, wo Rechnen und Handarbeit von Anfang an nicht ihre Sache sind, dafür aber alles, was mit Kreativität und Phantasie zu tun hat.

Und Mutter Magda? Die ist nun zwar kein Ufa-Star mehr, findet aber rasch wieder Anstellung an deutschen Theatern und glänzt bei ihren Kindern, wie schon zuvor, durch Abwesenheit.

Es geht Romy und Wolfi in dieser Hinsicht wie vielen deutschen Kindern dieser Generation, deren Mütter im und nach dem Krieg »ihren Mann« standen und deren Väter tot oder abwesend waren. Vielleicht ist da bei Romy manchmal eine ganz kleine Sehnsucht, aber sie hat ja das »Omale« und den Opa. Und während die anderen Kinder in den deutschen Städten durch die Trümmer strolchen, hungern und Rüben oder Kohle fürs Überleben klauen, tollen die beiden durch blühende Bergwiesen, haben es warm und immer satt zu essen. Ein Privileg in diesen Zeiten. Auf den Fotos ist ein sehr vergnügtes, auch im Dirndl noch burschikos wirkendes, übermütiges kleines Mädchen zu sehen.

Um so größer muß der Schock gewesen sein, als Rosemarie Albach am 1. Juli 1949 in das von Augustinerinnen geführte Internat Goldenstein kommt. Das liegt zwar nur 25 Kilometer von Mariengrund entfernt, aber jenseits der österreichischen Grenze bei Salzburg. Während der Einverleibung Österreichs durch Nazideutschland hatten die frommen Schwestern ihre Schule geschlossen und waren nach England emigriert. Jetzt sind sie wieder da, bereit, eine gottesfürchtige Generation zukünftiger Mütter zu erziehen.

Das Internat ist in einer mittelalterlichen Ritterburg einquartiert und sieht auch heute noch aus wie eine Festung. Zu Romys Zeiten beherbergt es 52 Schülerinnen plus Schwestern. Die »kleine Albach« logiert zusammen mit 15 weiteren Mädchen im alten Rittersaal und fällt sofort unangenehm auf wegen mangelnder Disziplin, unangemessener Wildheit und eigenartiger Versponnenheit.

Obwohl Romy vier Jahre lang leidet, scheint sie Goldenstein doch auch etwas zu verdanken. Ihre legendäre Disziplin zum Beispiel, die ihr später bei Dreharbeiten von Nutzen ist. Noch Jahre danach, als die kleine Rosemarie schon die große Kaiserin Sissi ist und im Triumphzug neben Karlheinz Böhm durch Madrid kutschiert wird, notiert sie dankbar in ihr Tagebuch:

Wie gut, daß die Frau Präfektin jemanden wie mich am Wickel gehalten hat. Selbst sie wäre jetzt stolz, daß das die kleine Albach ist, die da im Auto sitzt. Ohne Herzkrampfen, ohne anzulehnen, vorsichtig Atem holt. Selbst in größter Hitze nicht schluckt, den Speichel (pardon) in die Kehle zieht, ohne daß sich das Gesicht bewegt. Ordnung bewährt sich eben. Mami hat recht.

Und Silentium-Stunden, im Seitenschiff auf den Knien zu liegen, sich nur auf den Herrn zu konzentrieren. Oder meinen Exerzitien, meine vielen, vielen Strafstunden. Dankgebete, harren, auf dem Bauch auf Steinen liegen. Ohne Disziplin geht nichts im Leben... Sie müssen es schwer gehabt haben mit mir. Ich war wohl irgendwie ein giftiges Kind.

Herr, erbarme dich meiner! Das Kind wird seine Gründe gehabt haben, »giftig« gewesen zu sein. Es war für freudige Unterwerfung und gottesfürchtiges Leiden einfach nicht gemacht. Romys späteres lebenslanges Schwanken zwischen Aufrichtigkeit und Lüge, zwischen Stolz und Unterwerfung, zwischen Selbstbehauptung und Masochismus hat seine Wurzeln auch in Goldenstein.

Hinzu kommt die Einsamkeit. Einmal im Monat dürfen die Mädchen nach Hause, nur Schülerin Nr. 144 bleibt meist allein zurück. Denn 1951 stirbt das geliebte »Omale« in Mariengrund, die Wiener Großmutter besucht sie nicht einmal, das »Pappili« sowieso nicht. Und Mutter Magda kommt in vier Jahren aus dem nur 25 Kilometer entfernten Mariengrund ganze zweimal zu Besuch, nicht einmal bei den Schulaufführungen sieht sie ihre stolze

Tochter auf der Bühne. »Schade, daß Mammi nie Zeit hat, um zur Premiere herzukommen und mich zu sehen. Die Eltern von den anderen sind immer da.«

Die Angst vor dieser so abrupt erfahrenen Einsamkeit wird auch die erwachsene Romy Schneider nie mehr loswerden. Was sie abhängig macht. Abhängig davon, daß immer jemand da ist. Egal wer. Egal unter welchen Umständen. Egal um welchen Preis.

In Goldenstein beginnt das Kind Rosemarie in Phantasiewelten zu flüchten. Zu groß ist die Kluft zwischen dem, was ist, und dem, was sein könnte. Zu groß ist die Kluft zwischen ihr und den anderen. Mal rebelliert sie, mal findet sie Geschmack an der Anpassung. Mal will sie dazugehören, mal will sie weit weg sein. Romy beginnt, sich und den anderen etwas vorzumachen. Doch was auch immer sie tut – sie bleibt die Außenseiterin. Sie bleibt das Kind geschiedener Schauspieler, und das ist in einer Klosterschule der 50er Jahre ein zweifacher Grund zur ewigen Verdammnis.

Als Rosemarie einmal zu Weihnachten das wächserne Jesuskind in die Krippe tragen will – ein Privileg für die Bravsten –, da entreißt es ihr die Präfektin Theresia mit einem Fluch: »Du trägst ihn nicht! Du bleibst eh nicht mehr lange hier. Du wirst ganz bös enden. Bei dir ist all mein Beten verloren. Hast nicht mal eine richtige Familie, und blöd bist du auch. Kannst froh sein, daß du überhaupt hier sein darfst.«

Romy ist froh. So froh, daß sie noch zehn Jahre später dem Internat seinen ersten Fernseher schenkt und, ganz braves Mädchen, den Schwestern telegrafiert, als sie am

3. Dezember 1966 zum ersten Mal Mutter wird. Romy ist überhaupt ein bescheidenes, dankbares Kind. Auch ihrer Mutter Magda nimmt sie so leicht nichts übel, im Gegenteil: »Ich bewundere sie rückhaltlos. Sie spricht mit allen, amüsiert sich großartig – dagegen muß ich ja wie ein blödes Gänschen wirken!« notiert sie als junges Mädchen. Auch der abwesende Vater wird ungebrochen aus der Ferne verehrt. Sehen tut Romy ihn nur ab und an im Salzburger Kino (Fernsehen gibt es noch nicht): »Das ist mein Papi. Fesch, gelt?« Das einzige Päckchen, das sie vom Vater in den vier Internatsjahren bekommt – ein Teufelskostüm für eine Aufführung –, schickt sie ihm brav zurück. Er hat es dem Theaterfundus entliehen.

Der Mutter muß das Internatskind gar nicht erst etwas zurückschicken – da kommt in vier Jahren nichts an. Und Romy weiß auch warum. Ihre Mammi, die sie ja »soooo lieb« hat, die »würde ja sicher auch öfter was schicken, wenn nicht die Grenze dazwischen wäre. Was nach Österreich eingeführt wird, muß ja alles verzollt werden...«

Nicht alle Schwestern scheinen so kaltherzig gewesen zu sein wie das Mammili und die »saugemeine« Präfektin, die einen »sowieso nur dauernd anschreit und anfaucht, heiligenmäßiger zu sein«. So erinnert sich Schwester Esmelda nach Romys Tod, befragt von MARIE CLAIRE: »Sie war immer so freundlich. Sie aß so gerne Kuchen, von dem ich ihr heimlich immer ein Stück mehr gab. Natürlich mußte ich sie zur Ordnung rufen, wenn sie allzu nachlässig war. Aber alle erkannten ihr großes Talent für das Theater und den Tanz an. Darin hatte sie immer Erfolg und riß alle mit. Ich glaube auch, daß die anderen Mädchen sie sehr gern hatten. Aber Romy war eher einsam. Sie war unausgeglichen und mit sich selbst unzufrieden.« Auf Außenstehende wirkt das Mädchen in dieser Zeit auch äußerlich vernachlässigt und sehr dünn, »fast unterernährt«.

Da sind zwar Moni und Margit, die besten Freundinnen, aber auch sie sind weit entfernt von Romy. Wenn das Star-Kind von den anderen gefragt wird, wie es denn so ist in der Welt des Glamours, hat es allerhand zu erzählen: von Gary Cooper und den Stars in den Studios, die sie angeblich alle kennt. In Wahrheit kennt auch sie die nur von der Leinwand, ihre Mutter hat sie nie in ein Filmstudio mitgenommen. Erobert hat Romy sich auch diese Welt zunächst nur in ihrer Phantasie.

»Wenn ich sagte: Wir spielen jetzt Theater, begannen ihre Augen zu glänzen. Sie sprang hoch und schrie vor Freude laut auf«, erzählt Schwester Augustina. Aber der Sinn steht der späteren Sissi nicht etwa nach Prinzessinnen, ihre Lieblingsrollen sind Cowboys. Und ihre Lieblingslektüre ist Karl May – weswegen sie beinahe vom Internat fliegt. Und sie ist auch die erste, die sich eine sogenannte Mecki-Frisur zulegt und sich die Haare streichholzkurz schneiden läßt.

Zum 13. Geburtstag bekommt Romy ein Tagebuch aus rotem Leder mit Goldschnitt. Sie tauft es auf den Namen »Peggy« und vertraut der neuen Freundin die geheimsten Sehnsüchte an. Von Anfang an hat sie dabei den bildreichen und trockenen, temperamentvollen bis exaltierten, komischen bis ironischen Stil, der – versehen mit vielen!!! – charakteristisch für sie bleibt. Gleich an ihrem Geburtstag macht Romy ihre erste Eintragung:

23. September 1951
Ich habe meine liebe Freundin Margit eingeladen. Ich war im Kino mit ihr und Tante Marianne. Eine herrliche Schokoladentorte haben wir auch verschmaust. Ja! Nach all diesen Vergnügungen ist halt mein 13. Geburtstag vergangen. Musik, Theater, Film, Reisen, Kunst. Ja! Das sind meine Elementseigenschaften. Diese fünf Worte machen mein Theaterblut kochen.

11. November 1951
Ach! Jetzt hätte ich gute Lust, heute nacht durchzubrennen, ha! Das wäre fein, so ein kleines, nettes Jungmädchenabenteuer zu machen. Ich brächte es fertig, auch so, daß es niemand merkt!! Oh, dann würde ich nach Paris oder Mexiko fahren und in einem Theater als Cowboy auftreten!

Die Seiten von Romys Tagebuch borden über vor Verspieltheit, Sinnlichkeit und Übermut. Sie klebt Filmfotos ein, zeichnet, unterstreicht – und flirtet auch schon mal mit ihrem Tagebuch, das sie »Süsserle« nennt. Mal schwärmt sie für eine »besonders hübsche« Lehrerin, mal tuschelt sie mit den besten Freundinnen im Gartenpavillon, und mal schmachtet sie für ferne Männer:

Mein Gott, wie wird es sein, wenn ich mich mal verliebe!!! Wo werde ich mich verlieben! Ach! Da wird dann meine schönste Zeit beginnen! Wenn einen viele Männer lieben! Und zwar fesche, schöne Männer. Andere will ich ja nicht – nur fesche! schöne!

Die Klosterschülerin gibt sich mondän im Überschwang ihrer 13 Jahre. Als sie aus den Sommerferien zurück nach Goldenstein kommt, lautet ihre erste Eintragung:

Heute habe ich im Dorf ein tolles Erlebnis gehabt. Es war auf der Straße nach Salzburg. Ein Wagen hielt. So ein Traumwagen mit weißem Steuer, und ein Mann saß da drin!! Mir blieb richtig das Herz stehen, als er bei mir hielt. Da fragte er mich, wo denn hier das Internat Goldenstein sei. Er wollte seine Tochter zur Aufnahme anmelden. Ich sagte, da könne er mich gleich mitnehmen, ich müsse da auch gerade zufällig hin. Ich stieg ein, und wir fuhren gemeinsam zum Internat. Wenn man schon mal einen schicken Mann trifft, ist er natürlich gleich verheiratet und hat eine schulpflichtige Tochter!

Schon sehr früh flüchtet Romy, weit über die üblichen pubertären Phantastereien hinaus, in eine Phantasiewelt. Sie träumt von zwei Zielen für ihre Zukunft, von denen sich das eine schlecht mit dem anderen vereinbaren läßt: Einmal ist sie die leidenschaftlich Liebende, die von einem Prinzen à la Pappili erlöst wird – ein anderes Mal die leidenschaftliche Schauspielerin, die sich selbst mit ihrer Arbeit verwirklicht. Ihr Leben lang wird Romy Schneider diesen beiden Träumen hinterherjagen – und an ihrer Unvereinbarkeit letztendlich zerbrechen.

Ich möchte raus hier. Ich möchte auch etwas von der Welt sehen. Und wenn es nur ein ganz kleines Stückchen ist! Wenn es nach mir ginge, würde ich sofort Schauspielerin werden. So wie Mammi. Aber mit ihr habe ich noch nie darüber gesprochen. Darüber spricht man bei uns zu Hause gar nicht. Mammi wollte ganz privat sein in Berchtesgaden und von Filmen nichts hören und sehen.

Gestern waren wir im Stadtkino. Es war ein reizender Film von Pappi, er hieß: ›Das Mädel von der Konfektion‹. Es war sehr lustig. Pappi hatte einen Schnurrbart. Ach! Jedesmal wenn ich einen schönen Film gesehen habe, sind meine ersten Gedanken nach der Vorstellung: Ich muß auf jeden Fall einmal <u>eine Schauspielerin</u> werden. Ja! Ich muß!

Ein Wunsch, der schneller in Erfüllung gehen sollte, als selbst die erhitzte Phantasie einer Romy das erträumen konnte. Am 12. Juli 1953 verläßt sie das Internat Goldenstein mit dem Abschluß der mittleren Reife. Nach den Sommerferien in Mariengrund soll die begabte Zeichnerin auf die Kunstgewerbeschule in Köln gehen, wo Mutter Magda inzwischen mit Herrn Blatzheim liiert ist und ihn noch vor Jahresende heiraten wird. Doch kaum angekommen in Mariengrund, geht das Telefon. Für Magda Schneider wird eine Filmtochter gesucht, wie wär's mit der eigenen? – Die 14jährige Rosemarie Albach wird Romy Schneider.

15. Juli 1953

Ich muß gestehen: Ich fühle mich. Ich sitze im Speisewagen und fahre nach München. Ich habe das Hellblaue von Mammi angezogen und den blauen Mantel und die Handschuhe und ihre hochhackigen Schuhe. Sie passen glücklicherweise. Links in der Ecke sitzt ein junger

Mann, der aussieht wie Pappi früher. Schwarze Augen, schwarze Haare. Er hält mich mindestens für siebzehn. Sonst würde er nicht so gucken. Hinsehen darf ich nicht, sonst werde ich rot. Gut, daß ich schreibe. Das macht überhaupt einen guten Eindruck! Was der Ober wohl von mir denkt! Wenn der wüßte, daß ich nur fünf Mark in der Tasche habe und die hier verjuxe. Hoffentlich ist Mammi am Bahnhof. Sonst bin ich aufgeschmissen.

Richtig. Ich habe ja noch gar nicht berichtet, wie ich eigentlich dazu komme, so plötzlich nach München zu fahren. Also: Wir saßen gestern abend zu Hause in Berchtesgaden im Jagdzimmer und spielten Karten. Plötzlich klingelt das Telefon. Wolfi ging 'rüber zum Schreibtisch und meldete sich. Mammi war dran. Wolfi legte den Hörer hin und machte es spannend. Er setzte sich erst gemütlich hin und sagte dann: »Los Romy, geh' du ran.« Ich ging hinüber zum Apparat, und dann ging alles sehr schnell. »Pack deine Koffer und mach dich hübsch. Nimm den Frühzug nach München.«

Ich wußte gar nicht, wie mir geschah. Jetzt sitze ich im Zug und wundere mich immer noch, daß ich ihn überhaupt geschafft habe.

Der Ober mustert mich dauernd. Natürlich – zahlen. Wir sind ja gleich in München.

16. Juli 1953
Wenn ich so hoch springen könnte, ich würde jetzt glatt an die Decke hopsen vor Freude! Ich filme, ich filme – wenn alles klappt, heißt es. Das war ein Tag!
Ich sitze in unserem Zimmer, ach, was heißt »Zim-

mer« – *Apartment nennt man das, habe ich gelesen – im »Bayerischen Hof« in München. Es ist wundervoll eingerichtet. Neben der Tür sind Knöpfe. Wenn ich darauf drücke, kommt sofort ein Zimmermädchen oder ein Kellner oder was ich will.*

Ich trau' mich nur nicht. Vor allen Dingen wüßte ich gar nicht, was ich bestellen sollte. Einen Zitronensaft vielleicht? Ich werde Mammi morgen sagen, daß sie mal nach einem Kellner klingelt, damit ich sehe, wie das funktioniert.

So, jetzt erst mal der Reihe nach. Der Zug rollte also im Münchner Hauptbahnhof ein. Der junge Mann, der aussah wie Pappi, stand ganz unabsichtlich neben mir an der Tür. Als der Zug hielt, sprang er raus und half mir beim Aussteigen. Mir war das ziemlich peinlich. Aber süß von ihm fand ich es doch.

Wie ich noch überlege, was ich sagen soll oder wie ich mich am besten bedanke, kommt Mammi schon auf mich zu. Ich lasse den Koffer fallen und stürze mich in ihre Arme. Wie ich mich wieder umdrehe, ist der junge Mann verschwunden. Ob er Angst vor Mammi hatte? Der müßte mich jetzt hier sehen!

18. August 1953

Seit ein paar Tagen bin ich in Köln. Wir sind mit dem Schlafwagen hergefahren. Ich muß sagen, ich fahre gern Schlafwagen. Es ist ein herrliches Gefühl, so in den Schlaf gewiegt zu werden. So ungefähr muß einem zumute sein, wenn man als Baby geschaukelt wird, damit man ruhig bleibt. Voraussetzung ist natürlich, daß man nicht gerade über einer Achse liegt. Das ist unangenehm, hat Mammi gesagt. Ich muß sagen, ich finde das alles sehr aufregend.

Überhaupt, es hat sich vieles verändert. Das Gefühl, nicht mehr zur Schule zu müssen, ist so seltsam, daß ich mich manchmal ins Ohrläppchen kneife, um zu sehen, ob ich nicht träume. So schön es auch ist, es fehlt mir doch etwas. Wie gern würde ich mich jetzt mit Monika oder Margit aussprechen. In Köln kenne ich niemand.

Köln ist noch sehr zerstört. Bei uns in Goldenstein oder auch in Berchtesgaden hat man so gar nicht gemerkt, daß wir gerade einen Krieg hinter uns haben. Hier wird man richtig traurig. Gestern habe ich mir die Fassade des Kölner Doms angeschaut. Er liegt direkt neben dem Bahnhof. Und alle Häuser, die in seiner Nähe stehen – selbst die größten –, sehen klein und unscheinbar aus neben ihm. Daß man vor so vielen hundert Jahren überhaupt schon ein solches Kunstwerk bauen konnte, finde ich phantastisch. Heute ist man dazu viel zu nüchtern und praktisch. So ohne Romantik. So ohne Idee.

Ich kann mich gar nicht konzentrieren. Jetzt habe ich schon wieder fast eine Stunde gesessen und geträumt. Wenn ich doch nur diese Probeaufnahmen schon hinter mir hätte! Den Text kann ich schon längst auswendig. Ich kann auch nachfühlen, wie dem Mädchen zumute gewesen sein muß, das ich zu spielen habe. Das Mädchen hört nämlich von ihrer Mutter, daß ihr Vater ein ganz berühmter Schlagersänger sei, von dem sie bisher nur immer ganz von weitem geschwärmt hat. Ich kann mir gut vorstellen, wie ich in einem solchen Fall reagieren würde. Ich kann das bestimmt spielen.

Sie kann. Ein paar Wochen muß Romy sich noch gedulden, dann geht es zu den Probeaufnahmen:

2. *September 1953*
Ich hab's hinter mir! Mir ist ganz elend im Magen. Ich habe so einen Druck dort, genauso wie gestern beim Fliegen, in den Ohren, als wir landeten. Ich weiß nämlich noch nicht, wie die Probeaufnahmen nun ausgefallen sind. Also das war so: Wir fuhren nach Tempelhof. Da sind ganz in der Nähe des Flugplatzes, auf dem wir gestern ankamen, die alten Ufa-Ateliers. Damals, als ich den Mädchen etwas von Filmateliers erzählte, hatte ich sie mir ja wirklich ganz anders vorgestellt.

Da ist vorn ein großes Tor, und da sitzt ein Pförtner. Auf dem ganzen Filmgelände sind richtige Straßen und große Häuser, die aussehen wie riesige Turnhallen. Dann steht da dran Halle 1 oder Halle 5.

In einem dieser Häuser sind die Garderoben. Garderoben sind sehr wichtig beim Film. Dort zieht man sich um, da wird man geschminkt, und da wartet man, bis man drankommt. Sehr hübsch sind die Garderoben nicht und auch sehr klein. Mammi und ich bekamen auch eine Garderobe. Dann wird draußen der Name des Schauspielers an die Tür 'rangeschrieben, zum Beispiel: Magda Schneider. Das war bei uns jetzt nicht so, weil ja nur Probeaufnahmen gedreht wurden und noch kein richtiger Film. Herr Deppe, der Regisseur, war auch wieder da. Er sah jetzt ganz anders aus als neulich in München im (Kranken)Bett. Aber er war schrecklich nett.

Wir mußten in die Halle I. Mir war entsetzlich zumute. Ich sagte mir immer: »Ruhig, ruhig, Romy! Du mußt ganz ruhig sein, sonst verpatzt du alles.« Aber ich war einfach nicht ruhig. Ich glaubte, ich schwitzte schrecklich, aber das war nur Einbildung. Ich war doch zum erstenmal in meinem Leben geschminkt! Und ich hatte mich nicht mal selbst zu schminken brauchen – ich war geschminkt worden! Mir war so, als hätte man mein Gesicht in Zellophanpapier eingepackt. Dabei haben sie nur ein bißchen geschminkt und gar nicht so viel.

In Halle I, so hörte ich, war gerade Stan Kenton gewesen. Und dort sollte ich nun filmen! Herr Deppe setzte sich in seinen Stuhl. (Jeder Regisseur, hat mir Mammi gesagt, hat einen eigenen Stuhl, auf dem hinten sein Name steht – anscheinend, damit jeder weiß, daß er es ist.)

Von innen sah die Halle noch größer aus als von außen. Beinahe wie eine große Scheune, bloß ohne Stroh. Da standen lauter Kulissen 'rum, ein halbes Wohnzimmer aus Pappe. Oder ein Stückchen von einer Küche. Dann waren da große Stahlgerüste, auf denen Arbeiter herumturnten. Und Scheinwerfer, viele Scheinwerfer. Wenn man in diesem Durcheinander von Strippen und Drähten und Gleisen läuft, muß man dauernd Angst haben, daß man sich nicht verheddert.

Ach ja, über die Gleise habe ich mich sehr gewundert. Darauf fährt die Kamera, auf einem Wagen montiert, entweder vor oder zurück, wie es gerade für den Film nötig ist. Dieses Ding, auf das die Kamera dann montiert ist, nennt man komischerweise »Schlitten«.

2. September 1953, abends
Inzwischen haben wir genachtmahlt. Jetzt will ich noch schnell weiterschreiben.

Mammi blinkerte mir aber beruhigend zu. Das sollte wohl heißen: Du schaffst es schon. Na, ich konnte überhaupt nicht mehr denken. Am meisten irritierten mich die vielen Menschen, die im Atelier um uns herumstanden. Es waren mindestens dreißig Leute. Ich dachte immer, wann gehen denn die nun raus? Aber die gehen gar nicht raus. Die bleiben dabei. Die gehören dazu, genau wie die Kamera. Ich hatte immer gedacht, daß man beim Filmen ganz allein ist oder jedenfalls nur mit den Leuten, die gerade mitspielen.

Dann ging alles sehr schnell. Herr Deppe sagte immer: »Nicht in die Kamera schauen!« Ich mußte durch eine Tür reingehen, meinen Mantel aufhängen. Und da saß Mammi am Tisch. Und dann sprachen wir beide so, wie ich es gelernt hatte. Plötzlich, auf einmal, war's raus. »Fein, Romychen, fein haste det gemacht«, sagte Herr Deppe. Meine Gedanken schlugen richtige Purzelbäume, so durcheinander war ich.

Dann kam Herr Wesel, das ist der Standfotograf. Ein kleiner, quicklebendiger Mann, der, wie man mir erzählte, irgendwo in der Nähe vom Kurfürstendamm sein Atelier hat und bei allen Filmen Fotos von den Schauspielern macht. Die Fotos gehen dann durch die Presseabteilungen an die Zeitungen. Und dann kommt es noch darauf an, daß die Zeitungen sie auch bringen. Ich bin sehr gespannt, ob eine Zeitung auch von mir ein Foto bringt!?

Die darauffolgenden Jahre werden Romy nicht den Prinzen bringen, aber sie selbst zur Prinzessin machen.

Der Aufbruch – 1953 bis 1954

Der rote Samtvorhang im Stuttgarter Universum will gar nicht aufhören, sich zu heben und zu senken. Er tut es 64mal, denn die über tausend Menschen hören nicht auf zu klatschen. An der seichten Schnulze »Wenn der weiße Flieder wieder blüht« kann es nicht liegen. An Magda Schneider, Willy Fritsch und Paul Klinger, mit Verlaub, auch nicht. Es ist eine gewisse Romy Schneider, die die Menschen so mitreißt, daß die gar nicht mehr nachkommt mit dem Knicksen.

Für Romy muß das damals einfach überwältigend gewesen sein. Gerade sechzehn Monate ist der Abschied von Goldenstein her, wo sie noch davon träumte, eines Tages Schauspielerin zu werden. Und nun das! Romys Gesicht auf riesigen Filmplakaten, eine Flut von Artikeln über das »entzückende Mädchen« und seine »beachtliche Begabung« und sogar eine richtige Premierentournee. (Damals war es noch üblich, daß die deutschen SchauspielerInnen zu Premieren in die Großstadtkinos kamen.) Und dann auch noch die einhellige Überzeugung der Branche: Die wird ihren Weg machen!

Denn das ist unübersehbar vom ersten Tag an: Hier handelt es sich um ein Naturtalent. Ohne je auch nur eine Stunde Schauspielunterricht genommen zu haben, spielt das Mädchen Romy, so Willy Fritsch neidlos, »uns alle an die Wand«. Hans Albers, mit dem sie im Jahr darauf

»Der letzte Mann« dreht, sagt nur lakonisch: »Es war nicht mein Film, es war ihr Film.« Und Lilli Palmer, an deren Seite sie, neben Therese Giehse, das »Mädchen in Uniform« sein wird, erzählt rückblickend: »Sie war von Anfang an da. Man mußte ihr fast nichts sagen. Manchmal dachte ich, sie sei eine Traumwandlerin. Wir reden immer vom Handwerk. Sie konnte es gar nicht können, sie war zu jung dazu. Niemand hatte ihr etwas beigebracht. Es kam alles aus ihr heraus. Es klingt banal, aber so war es. Wir anderen kamen nicht aus dem Staunen heraus.«

So ganz unvorbelastet ist Romy ja nicht. Schon Mutter Magda Schneider hatte sich vom »Schreibmaschinenfräulein« in Augsburg zur Soubrette in München und zum Ufa-Star durchgeboxt und war selbst von Vaters Kommentar (»Und sonst hast du keine Wünsche?«) nicht zu entmutigen gewesen. Und vom Vater Wolf Albach-Retty her steht Romy sogar in der vierten Generation auf der Bühne. Die Urgroßeltern, der Schauspieler und Regisseur Rudolph Retty und die Opernsängerin Käte Retty, zogen noch mit der Wanderbühne durchs Land. Deren Tochter Rosa war ein ähnliches Wunderkind wie ein halbes Jahrhundert später ihre Enkelin: Auch Rosa feierte schon mit 17 Triumphe auf den Bühnen von Hamburg, Berlin und Wien, wo sie Anfang des Jahrhunderts mit dem legendären Josef Kainz am Wiener Burgtheater die »Jüdin von Toledo« spielte. An der Burg blieb die hoch verehrte Albach-Retty bis ins hohe Alter und stirbt erst 1980 im Alter von 106 Jahren.

Hinzu kommt: Die kleine Schneider kommt gerade recht. Denn es gibt in den 50er Jahren im deutschen Kintopp einen Trend, die Kinder berühmter Vorkriegs-SchauspielerInnen ins Studio zu holen. So spielt im »Weißen Flieder« neben der 14jährigen Romy auch der 15jährige Götz George, Sohn des großen Heinrich George, der im »Dritten Reich« wie die meisten Ufa-Stars gar zu distanzlos mitgespielt hatte. Da war es unverfänglicher, jetzt die Kinder vorzuschicken. Die hatten dieselben wohlklingenden Namen – und darum wird Romy Albach ab jetzt auch nach ihrer Mutter heißen: Schneider –, aber ohne die schlecht riechende Vergangenheit. Verdrängen ist angesagt im Nachkriegs-Deutschland.

Auch die Story von Romys erstem Film ist typisch für diese Zeit. Drehort ist, nicht zufällig, die heile Kurstadt Wiesbaden inmitten des noch in Trümmern liegenden Deutschland. Dort hat der singende und berühmt gewordene Filou Willy Fritsch nach 14 Jahren einen Auftritt – und ahnt noch nicht einmal, daß er der Vater der Tochter (Romy) der fleißig schneidernden Magda Schneider ist. Kurze Verwirrungen der Herzen des einstigen Liebespaares, sodann siegt die Vernunft und Magdas treuer Hausfreund – nicht zuletzt, weil der nichts dagegen hat, daß Mama Schneider weiterhin ihr florierendes Atelier betreibt. Soweit die Filmstory.

Im Leben kommen die Väter in dieser Zeit nicht von der Theaterfront, sondern von der Kriegsfront zurück und machen sich schweigend an den Wiederaufbau, nachdem die Frauen die Trümmer weggeräumt hatten. Sie schweigen über das, was sie getan haben, ebenso wie über das, was sie erlitten haben. Und sie tun sich leid.

Typisch für die Attitüde dieser – wieder einmal mitleidlosen, aber selbstmitleidigen – Helden ist der gleich nach Kriegsende 1945 gedrehte Film »Die Mörder sind unter uns« des als sozialkritisch geltenden Regisseurs Wolfgang Staudte. Der läßt in den rauchenden Trümmern von Berlin seinen Kriegsheimkehrer melodramatisch an der Erinnerung mitangesehener – jedoch nicht verhinderter – Geiselerschießungen an der Ostfront verzweifeln. Selbst das einfühlsame Bekocht- und Bedientwerden einer stumm lächelnden Hildegard Knef mit Schürze (!) kann den Verzweifelten nicht trösten. Und nur ganz en passant, in einem Nebensatz, der nie mehr aufgegriffen werden wird, erfahren wir, daß die von der Knef gespielte Frau selbst im KZ gewesen ist...

Die Frauen, die im und nach dem Krieg Opfer an der Heimatfront gewesen waren, sind kein Thema. Sie sind bestenfalls gut, die gebrochenen Helden zu reparieren.

Nun sollen die Frauen die in Kriegs- und Nachkriegszeiten notgedrungen erworbene Berufstätigkeit und inzwischen längst liebgewordene Eigenständigkeit auch in der Familie wieder aufgeben. Sich wieder in der Frauenecke beschränken, damit Platz ist für die Heimkehrer und Ostflüchtlinge? Da muß die Weiblichkeitspropaganda-Maschinerie schon ganz schön rotieren, damit die Nachkriegsfrauen den »Weiblichkeitswahn« (Betty Friedan) der 50er Jahre schlucken.

Und die Männer? Die sind endlich wieder wer! Wie bestellt, werden die Deutschen 1954 Weltmeister, wenigstens im Fußball. Und auch an der Polit-Front stehen die »(k)alten Krieger« gegen die »rote Gefahr« wieder ganz vornean. Die Ex-Helden verfallen erneut dumpfem Männlichkeitswahn und machen sich an Wiederaufbau & Wirtschaftswunder – allen voran Romys neuer »Daddy« Blatzheim, der als Gastronom und Betreiber von rund 60 Bars, Restaurants und Hotels 12 bis 15 Millionen Umsatz im Jahr macht.

Auf der Leinwand allerdings gibt sich der deutsche Mann in dieser Zeit eher moderat. Als bemitleidenswert Verzweifelter (à la Staudte) oder romantischer Naturliebhaber (à la »Förster vom Silberwald«). Nur einen männlichen Lichtblick hat der deutsche Kintopp in den frühen Fünfzigern zu bieten: O. W. Fischer, den selbstironischen sarkastischen Antihelden.

Und die Jungen? Die sind verzweifelt wie ihre Väter. Wenn auch aus anderen Gründen. Nach den ganz Starken sind jetzt die Halbstarken angesagt. An ihrer Seite: der Backfisch. Nicht nur diese »anständigen« Mädchen haben den Anspruch, »unberührt« in die Ehe zu gehen. Küsse können nur »geraubt« werden (ein anständiges Mädchen küßt nicht aus Lust) und kommen einer Quasi-Verlobung gleich. Von daher ist Romys erster Filmkuß – und Kuß überhaupt – durchaus typisch für ihre ganze Generation. Sie vertraut ihn dem geliebten Tagebuch an:

Jetzt bin ich 15 Jahre alt, ich war bei Omi in Berchtesgaden, ich war in der Schule, ich war im Internat. Und jetzt bin ich plötzlich beim Film. Und zum erstenmal mußte ich etwas spielen, von dem ich eigentlich überhaupt keine Ahnung hatte bis jetzt.

Ich werde nie vergessen, daß ich früher immer, wenn ich im Kino saß und auf der Leinwand wurde eine Liebesszene gespielt, daß ich da immer die Augen zugemacht habe, weil es mir peinlich war. Und heute, heute mußte ich nun plötzlich selbst vor der Kamera so tun als ob. Vielleicht, ich weiß nicht, wenn man so zehn Jahre beim Film ist oder noch länger, so wie Marlene Dietrich zum Beispiel oder Stewart Granger, und wenn Stewart Granger dann Marlene in die Arme nimmt und richtig küßt, oder wenn sie auch nur so tun als ob, dann kann Marlene Dietrich vielleicht hinterher in ihre Garderobe gehen und sich abschminken und sich in den Wagen setzen, nach Hause fahren und eine Schweinshaxen essen und nicht mehr daran denken. Ich, ich kann das einfach nicht!!!

Heute morgen bin ich ahnungslos ins Atelier gegangen. Ich wußte gar nicht, was wir drehen wollten. Man weiß das ja oft nicht genau vorher. Das hängt von so vielem ab. Wenn es Außenaufnahmen sind, vom Wetter. Wenn es im Atelier ist, eben davon, wie nun gerade die Räumlichkeiten am besten ausgenutzt werden können, wie der Bühnenbildner fertig geworden ist, und was sonst noch berücksichtigt werden muß. Ich bekomme also die Disposition für den Tag, und mir läuft es heiß und kalt über den Rücken: Die Liebesszene mit Claus Biederstaedt ist heute dran.

Ich bin ganz ehrlich: Richtig Angst hatte ich. Vielleicht würde ich mich blöd anstellen, und die anderen würden lachen – das wäre mir auch nicht recht gewesen. Also ich war nervös. Ich sitze in der Garderobe, und Herr

Stangl schminkt mich. Raimund Stangl, das ist der Maskenbildner des Films. Da kommt Claus lärmend in die Garderobe. »Na«, sagt er, »Romy, kannst du deine Szene?« Ich weiß gar nicht, was ich sagen soll. Claus läßt nicht locker. »Ich meine, hast du es auch richtig geübt?«

Ich fühlte richtig, wie ich unter der Schminke rot wurde. Aber lachen mußte ich auch. Claus war so nett, daß ich einfach gar keine Zeit hatte, das Ganze peinlich zu finden. Wir also ins Atelier.

Dazu muß ich vorausschicken: Claus spielt einen jungen Gärtner, der Robert heißt. Und ich bin Anna, die Tochter eines Herrn Oberholzer, der hochangesehener Besitzer einer Fabrik für »feinen Gartengeschmack« ist. Also mit anderen Worten, mein Papa stellt Gartenzwerge, Fliegenpilze und Gipsrehe her. Ich bin nun in Robert verliebt, und wir treffen uns heimlich in einem der Glashäuser der Gärtnerei, in dem neben uns nur noch Primeln und Nelken und was weiß ich sonst noch so versammelt sind.

Im Atelier ist auch ein schickes Glashaus aufgebaut. Wir setzen uns also rein auf eine Bank. Kurt Hoffmann, Regisseur von »Feuerwerk«, steht neben der Kamera. »Also Kinder, erst mal eine Probe!«

Ich saß nun also neben Claus und spürte mein Herz bis in den Hals hinauf schlagen. Herr Hoffmann ist unzufrieden. »Nun küßt euch doch mal! Los!« schrie er. »Los, küßt euch! Erst mal 'ne richtige Probe!«

Und dann haben wir uns geküßt und geküßt und immer wieder geküßt. Und draußen schrien und lachten sie. »Küssen, küssen, küssen. Und wir küßten uns immerzu. Ich habe gar nicht überlegt. Ich habe auch gar nicht nachgedacht. Und plötzlich war es vorbei. Irgend jemand schrie: »Alles im Kasten. Es hat wundervoll geklappt.« Und alle lachten. Und ich bin ganz schnell in meine Garderobe und habe mich abgeschminkt.

Ich bin Claus wirklich so dankbar. Er ist ein feiner Kerl. Aber ich schreibe das für mich nur so. Ich habe ihn vorher auch schon schrecklich nett gefunden.

Die Steigerung eines solchen Kusses hat im Leben für den normalen Backfisch folgende Fortsetzung: 1. Petting (alles ohne das), 2. Verlobung. 3. Eheschließung und Kinder. Über Verhütung spricht man nicht (die Pille kommt erst zehn Jahre später). Für Abtreibung droht Gefängnisstrafe, sie ist ein totales Tabu (und lebensgefährlich).

Hildegard Knef, die in ihrem Film »Die Sünderin« sekundenlang nackt zu sehen ist, gilt den Deutschen als Verkörperung allen weiblichen Übels. Und daß die »Vaterlandsverräterin« dann auch noch einen jüdischen Emigranten heiratet und Anfang der 50er mit dem nach Amerika geht, gibt den Deutschen den Rest. Damit steht die Knef in der direkten Tradition einer anderen »Vaterlandsverräterin«, der Dietrich (die auch noch prompt ihre Freundin wird). Romy Schneider wird eines Tages die Dritte im Bund der Abtrünnigen sein.

Doch auch im Amerika der 50er Jahre ist es nicht viel besser. Da sind die Hexenjäger der McCarthy-Ära unterwegs, die jeden und jede hetzen, die sie für Kommunisten oder einfach »nicht normal« halten. Ein Charlie Chaplin wird außer Landes gejagt. Und eine Ingrid Bergman, noch verheiratet mit einem Amerikaner, als sie ihre Affäre mit dem Italiener Rossellini beginnt (den sie später heiratet), erhält als »Ehebrecherin« Einreiseverbot in die Staaten und darf ihre Kinder aus erster Ehe nicht wiedersehen.

Von alldem ahnt die junge Romy wenig. Sie freut sich kindlich über ihre erste Hauptrolle als Königin Victoria in »Mädchenjahre einer Königin«: »Die Victoria war ja eine tolle Frau! Ich habe mir jetzt mal angeschaut, was sie alles gemacht hat und wie sie regierte. Ein ganzes Zeitalter wurde nach ihr benannt.«

Regie führt, zum ersten Mal mit Romy, Ernst Marischka. Er hatte schon anno 1931 Mutter Magdas erstes Drehbuch geschrieben und wird Tochter Romy bald als Kaiserin »Sissi« zu Weltruhm führen. Doch noch sagt die »Onkel Ernst« zu ihm und knickst bei der Begrüßung. Während der Dreharbeiten in Wien wird Romy 16 und notiert in ihr Tagebuch:

21. September 1954

In zwei Tagen habe ich Geburtstag. Letztes Jahr in Wiesbaden war es schon toll. Ich bin gespannt, wie es diesmal wird. Sie werden doch wohl daran denken? Natürlich! Mammi ist ja da. Mammi denkt an alles. Ich werde 16. Langsam werde ich alt. Jetzt ist es noch schön, älter zu werden. Da fangen die Leute an, einen allmählich ernst zu nehmen. Ein paar Jahre noch, dann möchte ich stehenbleiben, so wie Hans Albers in dem alten Ufa-Film, den ich neulich sah. Moment – richtig: Münch-

hausen hieß der Mann, der ewig jung blieb. Ob es so etwas auch für Mädchen gibt? Im Märchen, meine ich?

24. September 1954

Es war einfach himmlisch. Es war wundervoll. Es war ein Traum. Als ich draußen nach Sievering ins Atelier kam, lag schon so etwas in der Luft. Alles kam mir schon so irgendwie festlich vor, obwohl es doch so aussah wie immer. Und dann plötzlich schwebten die Klänge von »Limelight« durch die Kulissen. Meine Lieblingsplatte! Mammi hatte sie aufgelegt und stand strahlend im Hintergrund und freute sich, daß ich mich freute. Von der Brücke oben wurde ein Riesenpaket heruntergelassen.

»Unserer Romy herzliche Glückwünsche« oder so etwas stand drauf. Und alle gratulierten mir. Und Mammi weinte heimlich ein bißchen. Und ich war auch ganz gerührt. Und dann hatten sie einen riesigen Gabentisch aufgebaut. Alles für mich. Tausend Sachen. Wenn ich die alle aufzähle, schlafe ich morgen früh noch nicht. Eine goldene, rubinbesetzte Puderdose war auch dabei. Und für mein Armband habe ich auch neue Anhänger bekommen. Das Armband habe ich schon seit »Feuerwerk«. Ich sammle Anhänger. Es werden immer mehr!

Am Abend haben wir im Stadtkrug noch lange gefeiert. Wien ist wundervoll. Mein zweiter Geburtstag in meiner »Heimatstadt«. Das hätte ich mir bestimmt nicht träumen lassen, als ich vor sechzehn Jahren zum erstenmal in die Weltgeschichte hineinkrähte. Ich bin <u>sehr</u> glücklich!«

Oben: Romy mit der allgegenwärtigen Mutter Magda. Rechts: Bei den Dreharbeiten zu „Monpti" in Paris mit Käutner. Ganz rechts: Mit Traumpartner Horst Buchholz.

Rechts: In „Christine",
der ersten Rolle mit Alain Delon.
Unten: Mit Mutter und
Sissi-Regisseur Marischka.

Romy Schneider als Internatsschülerin Manuela von Meinhardis und Lilli Palmer als Fräulein von Bernburg in „Mädchen in Uniform". Romys erste schauspielerisch ernstzunehmende Rolle.

Romy zwischen zwei Welten: Der unbürgerlichen, exzessiven Welt von Alain Delon und
dem vergötterten Regisseur Luchino Visconti – und der spießigen, engen Welt der Blatzheims.
Ganz rechts: Schneider und Delon in dem von Visconti inszenierten Theaterstück.

Die ganze Welt ein Königinnenreich und das Glück dieser Erde käuflich. Romy ist dabei, die brillantenbehangene Prinzessin der Nation zu werden – und macht der beliebten Comic-Figur Lilly auf der Seite 1 der BILD-Zeitung hart Konkurrenz. Das ist die Kunstblondine mit Pferdeschwanz und Wespentaille, die einige Jahre später das Modell für »Barbie« werden wird und seither den Mädchenköpfen in der ganzen Welt ein in jeder Hinsicht mageres Frauenbild suggeriert.

Auch dem einst so wilden, kraftstrotzenden Mädchen Romy bleibt als Star diese (Über)Anpassung nicht erspart. Am 1. September 1954 taucht in ihrem Tagebuch der erste Hinweis auf – eine Diät auf. Zunächst klingt es noch ganz harmlos: »In Wien haben mir die Torten im Café Demel am besten gefallen«, schreibt Romy. »Hmhm! Ich habe noch immer den Geschmack im Mund. Wenn ich bloß mehr essen könnte. Aber Mammi bremst und sagt: Halt, sonst wirst du zu dick.«

Schon weniger harmlos klingt, woran sich Hildegard Knef anläßlich ihrer ersten Begegnung mit der jungen Romy auf einem Filmball in Hamburg erinnert. Romy hatte sich vor dem ganzen Rummel und vor Mammi und Daddy in die Garderobe der Knef geflüchtet. Die bot dem verschreckten Mädchen als erstes, klar, einen Whisky an. Da »zuckte Romy zusammen und flüsterte: ›Das darf ich doch nicht. Ich werde zu dick. Lebe tagelang von Orangensaft.‹« – Tagelang Orangensaft. Da ist Romy 19 und dreht vier Filme im Jahr.

Auch im geliebten Studio tauchen die ersten Schatten auf. Die passionierte Romy, die sich von Anbeginn an so schutzlos jeder Rolle ausliefert, ist auch selbst am letzten Drehtag am Ende. Und allein. Denn die große Familie, die – vom Beleuchter bis zum Regisseur, von der Garderobiere bis zum Star – für den Film ein paar Wochen oder Monate lang zusammen gearbeitet und gelebt hat, die geht nun von einer Stunde zur anderen auseinander.

Sogar der soviel erwachseneren Hildegard Knef ist das nicht immer leichtgefallen. In ihren Erinnerungen an Romy schreibt sie beim Sinnieren über deren Verzweiflung: »Die durch sämtliche sozialen Schichten verbreitete Kumpelhaftigkeit einer Filmbelegschaft täuscht oftmals Freundschaft und Nähe vor, die nach Fertigstellung eines Filmes sogleich abbricht. Einmal die Abschlußklappe geschlagen, steht man zumeist da, als wohne man seiner eigenen Beerdigung bei.«

Und wie erst soll die unerfahrene Romy damit umgehen, die aus der Einsamkeit ihrer Klosterschule in die Einsamkeit harter Drehtage und öder Hotelzimmer geschleudert wird? Wie gemischt ihre Gefühle in bezug auf die Filmarbeit schon sehr früh sind, vertraut sie am 20. Mai 1954 ihrem Tagebuch an:

Mir ist, als hätte ich einen Schwips. Ich weiß auch nicht, ob ich nun glücklich sein soll oder traurig. Ich weiß auch nicht, ob ich das alles schreiben soll. Aber ich muß einfach, damit es mir von der Seele wegkommt.

Eigentlich ist es ein häßlicher Beruf – Filmschauspielerin. Man muß mit ganzem Herzen dabei sein. Und irgendwann darf man es doch wieder nicht. Man sitzt oder man steht oder man schreit oder man weint. Man muß sich richtig gehenlassen, muß miterleben, wenn man es gut machen will. Aber man soll trotzdem Abstand von den Dingen haben, einen klaren Kopf behalten.

Ich weiß, daß ich in dieser Schauspielerei aufgehen kann. Es ist wie ein Gift, das man schluckt und an das man sich gewöhnt – und das man doch verwünscht.

Doch für Zweifel ist kein Raum mehr. Romy ist ein Star geworden, mit allen wunderbaren und schrecklichen Seiten, die das hat. Sie hat zu funktionieren. Am 14. Dezember 1954 notiert sie:

Ein seltsames Gefühl: Wenn ich jetzt auf der Straße gehe, dann stoßen sich manchmal die Leute an und sagen: ›Ist das nicht Romy Schneider?‹ Und dann gucken sie mich an. Das ist schön. Und doch wieder richtig traurig. Manchmal fühle ich mich hin- und hergerissen. Einmal bin ich stolz, daß es so ist. Und einmal wünsche ich mir, ich könnte mich mal in eine richtige Kneipe setzen und Würstel essen, ohne daß jemand zuschaut und kontrolliert, wie ich es mache und ob ich richtig und gesittet esse.

Ein halbes Jahr später macht die vielbeschäftigte junge Filmschauspielerin Sommerurlaub in ihrem geliebten Mariengrund. Sie hat in den letzten zwei Jahren fünf Filme gedreht, darunter ihre erste Hauptrolle, und spürt zunehmend, wie schwer es ihr fällt, dem Tempo ihrer Arbeit mit der Entwicklung ihrer Persönlichkeit zu folgen. Sie spielt Emotionen – und das sehr überzeugend –, die sie selbst noch gar nicht gelebt hat. Und sie fängt an zu ahnen, daß man dabei ist, sie in der neudeutschen Hopsasa-Trallala-Filmindustrie zu verschleißen. Die 16jährige klagt in ihrem Tagebuch:

Es wird am besten sein, wenn ich einfach auf einer Insel verschwinde, immer nur komme, um einen Film zu drehen, und dann ganz schnell wieder türme. Dann weiß ich nichts vom Marktwert und sonstigen Begriffen, die verdächtig nach Viehmarkt riechen.

Romys lebenslanger Kampf gegen das ihr so verhaßte »Star-System«, gegen Vermarktung statt Verwirklichung, beginnt schon hier. Und es zeichnet sich in diesem letzten unbeschwerten Sommer in Mariengrund auch schon der Preis ab, den sie zahlen wird. Ahnungsvoll vertraut sie ihrem Tagebuch an:

Ich bin halt ein Nerverl. Mir ist alles zuzutrauen. Heute bin ich verrückt vor Glück. Morgen will ich mein ganzes Leben umkrempeln. Übermorgen lasse ich mich von Minderwertigkeitskomplexen und Depressionen auffressen.

So früh fangen also die Depressionen an, die sie später mit Tabletten, zu vielen Tabletten bekämpft. Himmelhoch jauchzend, zu Tode betrübt. »Ist das deutsch?« wird Romy Schneider zwanzig Jahre später den Regisseur Hans-Jürgen Syberberg fragen – und selbst die Antwort geben: »Wenn ja, dann bin ich sehr deutsch.« So ist es wohl. Romy ist sehr deutsch – und wieder nicht. Und Romy ist sehr weiblich – und wieder nicht.

Die Spannung zwischen diesen Polen wird für sie zur Zerreißprobe werden: die zwischen der »deutschen« Schwermut und der »französischen« Leichtigkeit – und die zwischen dem »männlichen« Ehrgeiz und ihrer »weiblichen« Selbstaufgabe.

Der erste Triumph – 1955 bis 1958

Es muß 1958 gewesen sein. Innerhalb eines einzigen Jahres hatte Romy Schneider als »Sissi« Weltruhm erlangt. Allein in Deutschland hatten rund sechs Millionen ZuschauerInnen jede der drei Sissi-Folgen gesehen und hatte ihre Produktionsfirma damit rund 10 Millionen Mark verdient (was damals das Vielfache des heutigen Wertes war). In ganz West-Europa schlägt Sissi Hollywood-Rekorde. In Cannes, Madrid oder Athen wird Romy-Sissi von einem ekstatischen Publikum fast erdrückt. Selbst Hollywood macht ihr Avancen. Romy ist der Exportartikel Nr. 1 der deutschen Filmwirtschaft.

In dieser Zeit holt die neu gegründete Ufa die Anfang der 50er von der deutschen Presse und dem Publikum verstoßene, weil prä-emanzipierte Hildegard Knef nach Deutschland zurück. Die androgyne, wilde Hilde soll neben der süßen, braven Romy zum Star aufgebaut werden. Die Knef wird von der Presseabteilung dazu verdonnert, auf Filmbällen zu touren.

An diesem Abend ist Hamburg an der Reihe. Die Knef kämpft in der Garderobe gerade fluchend mit ihrem gerissenen Abendkleid, assistiert von ihrer sächsischen Garderobiere Ilse. Da geht das Telefon. Am anderen Ende ist Romy Schneider und flüstert hastig: »Darf ich Sie kurz aufsuchen?« Na klar! Und an das, was dann folgt, erinnert die Knef sich noch heute ganz genau:

Minuten später öffnete sie meine Tür, zog sie eilends hinter sich zu, schloß ab. ›Was soll das?‹ fragte ich. ›Später‹, flüsterte sie verängstigt, machte einige zögernde Schritte, stolperte über meinen Koffer, riß den Rocksaum ihres babyblauen Kleides auf. ›Oh, mein Gott‹, rief sie bestürzt, ›was soll ich nur machen...‹

›Mir ham genügend Garn, um die gesamte Filmindustrie einzunähn‹, sprach Ilse in feinstem Sächsisch.

Romy warf sich auf mein Bett, schluchzte hemmungslos. Ilse brabbelte: ›Da schlag doch eener lang hin...‹

Ich setzte mich auf den Bettrand. Langsam drehte sie ihr verweintes Gesicht zu mir, sagte zwischen Schluchzern: ›Sagen Sie bitte Romy zu mir, und ›du‹.‹

›Ich heiße Hilde.‹

›Das würde ich nicht wagen.‹

›Sei nicht albern. Was ist passiert?‹

›Ich werde verrückt. Sie lassen mich keinen Augenblick allein. Keine Sekunde. Keine Minute. Über alles muß ich Rechenschaft ablegen. Ich bin doch kein Kind mehr‹, rief sie in kindlichem Trotz, während die Tränen pausenlos liefen.

›Wer ist sie?‹

Sie richtete sich auf, zupfte am aufgerissenen Saum, sagte endlich: ›Mein Stiefvater. Meine Mutter. Die Presseabteilung. Und überhaupt alle.‹

Ilse goß Whisky in ein Mundglas, sagte: ›Nu trink ma das runner.‹

Sie zuckte zusammen, flüsterte: ›Das darf ich doch nicht. Ich werde zu dick. Lebe tagelang von Orangensaft.‹

Ich war Stiefvater Blatzheim nur einmal begegnet; er

schien ein überheblich-selbstherrlicher lauter Mann zu sein, gewohnt, Befehle auszuteilen. Mama hingegen hatte mich auf einem der nicht enden wollenden Bälle angefaucht, weil ich sie versehentlich nicht begrüßte. Ich erinnere mich an gereiztes Geschnatter, an die Verbissenheit eines blutrot geschminkten kleinen Mundes, Ruhelosigkeit dunkler Augen, fahrige Bewegungen, ununterbrochenes Gezupfe an Nerzstola. Ich hatte gesagt: ›Brüllen Sie mich nicht an! Ich bin leicht erregbar und garantiere für nichts.‹ Pikiert war sie auf ihren Platz gerannt, würdigte mich für den Rest des Abends keines Blickes.

Das Telefon plärrte in das neuerliche Schluchzen Romys. ›Bitte, geh nicht ran! Sie suchen mich. Bestimmt ist es mein Stiefvater oder meine Mutter.‹

›Willst du überhaupt auf den Ball?‹ Sie schüttelte heftig den Kopf. ›Sag' doch, dir sei mies. Leg dich ins Bett und schlaf, wenn du kannst.‹

›Das ist unmöglich. Sie würden es nie zulassen; Mama hat sich extra ein neues Kleid gekauft und Blatzheim einen neuen Smoking.‹

›Auch 'n Grund‹, brabbelte Ilse.

›Und übermorgen muß ich in Paris sein. Ich treffe meinen Filmpartner. Delon heißt er. Ich kann kein Wort Französisch. Was mach' ich bloß...?‹ Blanke Panik in grün-grauen Augen. Bebend wie eine Malariakranke. Ich befühlte ihre Stirn; sie war brühheiß. ›Du hast Fieber, verdammt noch mal. Sie sollten dir einen Arzt holen. – Oder soll ich...‹

›Nein. Um Gottes willen... Darf ich einen Spiegel haben?‹

Angewidert betrachtete sie sich, zog einen Flunsch, steckte die Zunge raus, fummelte in ihrer Abendtasche, wischte sich mit einem altmodischen Spitzentaschentuch das Gesicht, bat um Rouge, malte ihre Lippen tiefrot, tuschte Wimpern. Das Telefon klingelte zum fünften Mal. Ilse nahm den Hörer, hielt die Sprechmuschel zu, sagte, den Blick zur Decke gerichtet: ›Mama.‹

Romy winkte entsetzt ab, kaute auf Daumennagel.

›Ja, bitte‹, sagte ich gereizt.

›Ist Romy etwa bei Ihnen?‹

›Das ›etwa‹ können Sie sich sparen. Sie ist. Ihr Saum ist gerissen. Meine Garderobiere bessert ihn gerade aus.‹

›Sie soll sofort, aber sofort in ihr Zimmer kommen‹, kommandierte Mama. ›Später‹, sagte ich lässig und hängte auf.

›So hat noch keiner mit Mama gesprochen‹, rief sie kichernd. Gleich zwei Verschwörern saßen wir auf der Bettkante, während Ilse eine Flasche Weißwein entkorkte. Wir tranken. Sie lachte lauthals über Ilses Sächsisch, versuchte es zu kopieren.

Heftiges Klopfen, eine schrille Stimme, unverkennbar wienerisch, befahl: ›Komm sofort heraus.‹ Ilse biß den Faden ab, flüsterte: ›Verschwindet im Bad!‹ Wir hörten Ilses rauhes: ›Was blökn Se hier rum. Die sind wech. Uff und davon.‹

›Waas? Wohin...‹

›Geene Ahnung. Uffn Ball, möcht ma annehm, oder?‹

›Also, das ist mir noch nie passiert.‹

›Nu, wenn's nischt Schlimmres ist, gönn ma Se beneidn...‹ Die Tür donnerte ins Schloß, gleichzeitig Ilses ›Ihr gönnt rausgomm‹.

Die Knef ist nicht die einzige, die solche Szenen erlebt, nur hat sie sie besonders plastisch überliefert. Die ganze Branche redet über die tyrannische Herrschaft von Mutter Magda und Daddy Blatzheim über den jungen Star. Auch Karlheinz Böhm, Sissis Kaiser Franz Josef en suite, erinnert sich noch 40 Jahre danach mit Befremden: »Romy wurde völlig abgeschottet von Blatzheim und durfte keinen Schritt alleine tun. Ausgehen durfte sie nur mit seiner Genehmigung. Ständig wurde sie kontrolliert – was sie natürlich sehr einsam machte.«

So ganz untypisch war dieser Zustand für die Lage der »behüteten« jungen Frauen in der Zeit zwar nicht, aber doch härter als üblich. »Volljährig«, und damit auch juristisch unabhängig von den Eltern, wurde man damals erst mit 21 Jahren. Selbstverständlich hatte ein junges Mädchen bis zur Eheschließung zu Hause zu wohnen, Wohngemeinschaften gab es noch nicht, alleine wohnen kam nicht in Frage. Das höchste der Gefühle war ein »möbliertes Zimmer« bei einer gouvernantenartig wachenden Zimmerwirtin.

Doch Romys kurze Leine ist selbst für die damaligen engen Verhältnisse ungewöhnlich. Und die Bravheit dieses Weltstars vom Lande nicht minder. In einem eigenartigen Kontrast dazu steht ihre frühe Reflektiertheit und innere Rebellion. Die brechen sich immer wieder Bahn. Die Spannung, die sich daraus ergibt, muß Romy schier zerrissen haben.

Gleichzeitig aber – und das ist ihr Konflikt – ist sie dankbar und froh, ein so aufregendes, erfülltes Leben führen zu dürfen. »Ich bin glücklich«, schreibt sie in dieser Zeit, »daß es mir, trotz meiner Jugend, gelungen ist, dank

Mammi, die mich geführt, und dank Daddy, der mir geholfen hat, etwas zu erreichen.«

In der Tat halten Mammi und Daddy sich sehr lange für unentbehrlich. Mutter Magda macht an der Seite ihrer Tochter eine zweite Karriere. (Böse Mäuler behaupten, Romy erhalte für einen Film ohne die Mama 100.000 DM und für einen mit 70.000 DM.) Das ist zwar für Romy beruhigend, aber auch einengend. Einerseits ist die junge Frau an der Seite ihrer filmerfahrenen Mutter der Branche nicht so ausgeliefert; andererseits hatte diese Mutter in Romys ganzem Leben noch nie ein altruistisches Interesse an ihrer Tochter. Sie ist zwar keine »Eislaufmutter« und hatte für ihre Tochter eigentlich ein ordentliches Kunstgewerbestudium vorgesehen, aber so richtig entdeckt hat auch sie Romy erst, als die Tochter sich vermarkten ließ. Und von da an funktionalisiert Magda ihre Tochter lebenslang – bis über den Tod hinaus.

Dabei war es sicher auch für den einstigen Ufa-Star gerade in den ersten Jahren von Romys beginnendem Ruhm nicht immer einfach, zuzusehen, wie ihre Tochter an ihr vorbeizog. Die einst so vernachlässigte Romy, die zunächst nur dankbar für Mammis überraschende Zuwendung ist – und die noch 25 Jahre später beteuert: »Ich will niemandem weh tun. Ich habe meiner Mutter zu danken und keinen Vorwurf zu machen« –, hat das erstaunlich früh erkannt und schon damals gesagt: »Es gibt auch für eine Mutter mitunter ein herbes, vielleicht sogar bitteres Gefühl, wenn sie sehen muß, daß eine Jüngere sie verdrängt, und wenn es zehnmal die eigene und einzige Tochter ist.«

Und vor allem, wenn diese Jüngere sie nicht nur in der öffentlichen Gunst, sondern auch in der des eigenen Mannes »verdrängt«. Womit wir bei dem Kapitel »Daddy« Blatzheim wären. Der Mann fiel sogar in einer Zeit unangenehm auf, in der es für einen Mann gar nicht so einfach war, unangenehm aufzufallen. Und es gibt unter den Chronisten keinen, der ohne Verachtung über ihn berichtet.

1956 schreibt DER SPIEGEL in einer Titelgeschichte über Romy Schneider: »Die beiden Flügelfiguren dieser Romy-Truppe sind Mutter Magda Schneider, 44, und der ihr 1953 in einer höfisch prunkvollen Zeremonie angetraute Ehemann Hans Herbert Blatzheim, 50. Ein Gastwirt aus Köln, der sich wie ein amerikanischer Präsident gerne mit seinen Initialen (HHB) bezeichnen läßt und im Haus Schneider nur ›Daddy‹ genannt wird. In Filmkreisen ist der Gastwirt, der sich das zweitgrößte Unternehmen der Gastronomie in der Bundesrepublik aufgebaut hat, nicht nur wegen seiner merkantilen Schläue gefürchtet. Auch sein Hang zur Publicity macht den Filmleuten Sorge (›Wissen Se, Public Relations ist mein Hobby‹).«

1982 erzählt Film- und Theaterkritiker Curt Riess angewidert, wie Blatzheim Romy zu verschachern pflegte, »ohne das Geringste von Schauspielerei zu verstehen. Er ahnte noch nicht einmal das Besondere seiner Stieftochter, ihre Kunst, einen Menschen auf die Leinwand zu zaubern, ohne zu spielen, ohne sich zu verstellen.«

Und 1991 schreibt Michael Jürgs: »Romy Schneider wird zum Produkt, und ihr Leben wird, wie man heute sagen würde, nach strengen Marktprinzipien verplant.

Schon während der Hochzeit mit Magda Schneider nutzt Blatzheim jede Gelegenheit, sich mit seiner Stieftochter den Fotografen zu präsentieren. Er weiß genau um die Werbewirksamkeit für seine Betriebe.«

Im rechten Arm 'ne Puppe, im linken Arm 'ne Puppe, das war der protzige Varieté-Betreiber aus Köln so gewohnt. Jetzt steigt er mit seiner Stieftochter ganz groß ein ins glamouröse Filmgeschäft. »Die kann alles!« pflegt er bei nächtlichen Besprechungen mit Regisseuren und Produzenten zu grölen. »Hauptsache, die Kohlen stimmen.«

Und die stimmen in der Tat, die Kohlen. Die minderjährige Romy verdient ab der zweiten Sissi-Folge Millionen, die sie gutgläubig vom Stiefvater verwalten läßt. Der steigert nun seinen schon zuvor neureichen Stil auf Hofstaat-Niveau und residiert nicht nur in Köln am Rhein in dem eigens für den Schneider-Clan geräumten Hotel Bellevue, sondern auch in einem Palais am Luganer See, inklusive Rennboot und Rolls-Royce mit Chauffeur.

Irgendwann in den 60er Jahren sind die dem erfolgreichen Geschäftsmann anvertrauten Millionen dann futsch, untergegangen in Blatzheims Bankrott zusammen mit dem ganzen großkotzigen Gastronomie-Imperium. Romy, die zunächst nur ein Taschengeld und zuletzt 5.000 DM Apanage im Monat erhielt, sieht von ihren Millionen nur noch klägliche Reste. Doch ist das noch nicht einmal das Ärgste. Denn Daddy Blatzheims Interesse an seiner Stieftochter ist nicht nur finanzieller Natur.

In seinen launigen »Memoiren« (Titel »Was ist schon tabu«), die Blatzheim 1966 veröffentlicht, geht es, neben Stars, Sternchen und Adenauer, vor allem um

Romy, Romy, Romy. Im ganzen Buch ist kein einziges Foto von Blatzheim und Magda zu zweit abgebildet, dafür aber massig Fotos von Romy – mit Vorliebe auf Daddys Schoß.

Gleich auf den ersten Seiten seiner geschwätzigen Erinnerungen schwärmt Blatzheim von dem »Wirbel und der Süße«, die seine Stieftochter in sein Leben gebracht habe. Was er »süß« findet, plaudert er unbefangen aus. Die Art von Frauen zum Beispiel, die der Lebemann sich in Budapest, »Klein-Paris«, vom Hotelportier aufs Zimmer zu liefern lassen pflegte: »Da fragte man den Hotelportier bei der Ankunft: ›Na, was gibt's Neues hier?‹ – Der wiegte schmunzelnd seinen Kopf: ›Meinen Sie was blondes, schwarzes oder rotes Neues?‹ – Und man sagte: ›Jung und lebendig und lieb muß sie sein. Ich vertraue Ihrem Geschmack.‹«

Mit »jung, lebendig und lieb« lag HHB bei Mutter & Tochter ja goldrichtig. Gleich auf Seite zehn seiner »Memoiren« beschwört Daddy seine »Berufung, das junge Mädchen zu schützen – dieses junge Mädchen, das mir durch die Ehe mit Magda Schneider im Alter von neun Jahren anvertraut worden war«. – Was übrigens nicht stimmt: als Blatzheim Magda heiratete, war Romy 15 Jahre alt.

Es fällt Romy, deren leiblicher Vater noch lebt, von Anfang an schwer, den zweiten Mann ihrer Mutter »Daddy« zu nennen. Zur Gewöhnung wird das Kind wiederholt ins Badezimmer eingesperrt. Später wird Romy sich dann in Daddys Gegenwart noch aus ganz anderen Gründen einsperren...

Wie so mancher (Stief-)Vater macht auch Daddy Romy Eifersuchtsszenen, als sie ins Flirtalter kommt. Alle können es mithören, als Blatzheim auf dem Filmball in Berlin die achtzehnjährige Romy, die in seinen Augen zu oft mit ihrem charmanten Filmpartner Horst Buchholz tanzt, anbrüllt: »Entscheide dich – ich oder er!«

Damals wiegelte Romy noch im nachhinein ab: »Mammi fuhr mit mir Schlitten, weil ich keine Rücksicht auf meine Verpflichtungen genommen hatte, die, was ich einsehe, auch Firmenverpflichtungen waren. Zuerst habe ich einen Flunsch gezogen. Dann habe ich es eingesehen.«

Doch 20 Jahre später verharmlost und verdrängt sie nicht länger: »Il a essayé de coucher avec moi.« Er hat versucht, mit mir zu schlafen. »Et pas seulement une fois.« Und das nicht nur einmal. Diese Sätze schleuderte Romy Schneider mir in der Dezembernacht des Jahres 1976 entgegen. Und ich bin nicht die einzige, der sie das schmutzige Geheimnis anvertraut.

Doch erst nach ihrem Tod reden die Menschen darüber. Daß Blatzheim es versucht hat, mehrfach versucht hat – und daß Romy darüber nie auf deutsch, sondern bis zum Schluß immer nur auf französisch reden konnte. Aber selbst die, die es schreiben, erwähnen es immer nur so ganz nebenher.

Es ist anzunehmen, daß auch Romy selbst sich erst Jahrzehnte später das Ausmaß des Schadens eingestehen konnte – und vielleicht nie ganz ermessen hat –, den sie durch die jahrelange sexuelle Belästigung ihres Stiefvaters davongetragen hat. Denn damals, in den 50er Jahren, war das Thema Mißbrauch noch total tabu. So etwas gab es einfach nicht, hatte es nicht zu geben. Und kam doch einmal etwas raus – weil so ein Mädchen zum Beispiel schwanger wurde –, dann war das Opfer schuld. Dann war das Mädchen das Flittchen; die frühreife Lolita, die seit dem 1955 auch in Deutsch erschienenen, gleichnamigen Roman nun auch noch literarisch legitimiert Furore machte in Daddys Phantasien.

Erst Mitte der 70er Jahre brachen Feministinnen das Tabu und fingen an, von den Übergriffen der Daddys zu reden. Es dauerte noch weitere 20 Jahre, bis der Mißbrauch von Kindern zum öffentlichen Skandal wurde. Doch in den 50er Jahren waren die Opfer noch stumm.

Ab wann eigentlich war die als Kind so lebhafte und muntere Romy so verstummt? Und was tat Mutter Magda damals? Die zog es vor, nichts zu merken – und schrieb nach dem Tod ihrer Tochter lediglich verharmlosend, ihr Mann sei »im Grunde heimlich in Romy verliebt« gewesen. Hält Magda Schneider ihren permanent fremdgehenden Ehemann – von dem jeder weiß, daß er sie betrügt – damals auch durch ihr Schweigen an ihrer Seite?

Fast zwei Jahrzehnte nach dem Daddy-Alptraum dreht Romy Schneider in Frankreich den Film »Le vieux fusil« (deutscher Titel: Abschied in der Nacht). In dem Film geht es um die Massakrierung eines ganzen Dorfes bei der Besetzung Frankreichs durch die Deutschen. Es ist ein Racheakt für ein Partisanen-Attentat.

Die Geschichte ist übrigens eine Anspielung auf eine tatsächliche Begebenheit: Auf Oradour, wo deutsche Soldaten am 10. Juni 1944 über 600 Menschen – Kinder, Frauen, Alte – in eine Kirche trieben und verbrannten.

Der verantwortliche Befehlshaber, der SS-Offizier Lammerding, wurde dafür zwar in Frankreich in Abwesenheit zum Tode verurteilt, in Deutschland aber – aus formaljuristischen Gründen, die eine zweite Verurteilung für dasselbe Verbrechen nicht erlaubten – nie mehr zur Rechenschaft gezogen. Er starb unbehelligt im hohen Alter im schönen Allgäu.

Im Film ist der dramatische Höhepunkt des Überfalls die Vergewaltigung, Folterung und Ermordung der Französin Clara durch die deutschen Soldaten. Wie immer hatte Romy sich stark mit ihrer Rolle identifiziert: Sie ist die junge, frisch verheiratete Clara, die von ihrem fürsorglichen Mann zusammen mit der Stieftochter in das Familienschlößchen auf dem Land gebracht wird, um nicht in die Wirren des Kriegsendes zu geraten. Doch ausgerechnet in dieser Idylle gerät sie in die Falle der marodierenden und mordenden deutschen Soldaten.

Cathrine Hermary-Vieille, Autorin einer französischen Schneider-Biographie, befragte die Equipe, die bei den Dreharbeiten in Montauban dabeigewesen war und der diese Szene noch lange nachgehangen hatte: »Als Romy Schneider diese grausame Sequenz dann spielte, befand sie sich in einem seltsamen Bewußtseinszustand. Sie hörte, als kämen sie von einer Fremden, die wilden Schreie, die aus der Tiefe ihrer Brust aufstiegen. Schreie, über die sie keine Macht besaß. Wie war so viel Leidenschaftlichkeit möglich? Sie kratzte und biß den Darsteller des deutschen Soldaten, der sie vergewaltigte. Er hat sich anschließend übergeben müssen von so viel Haß... Und Enrico filmte, er filmte ohne zu unterbrechen, reihte eine

Sequenz an die andere. Es wäre unmöglich gewesen, sie innehalten und von neuem beginnen zu lassen.«

Was waren das für Schreie? »Il a essayé de coucher avec moi.« Brach sich in Montauban endlich die Verzweiflung über Daddy Bahn? Über all diese Daddys, die – auf allen Ebenen – immer wieder nach ihr gegrabscht hatten? Und waren Daddy und Deutschsein für Romy zu einer Figur verschmolzen? Es spricht jedenfalls viel dafür, daß in ihrer Abrechnung mit Deutschland auch die Abrechnung mit Daddy eine Rolle gespielt hat.

Und dann ist da noch eine bezeichnende Pointe: In der deutschen Fassung des Films ist Clara/Romys Vergewaltigung – für die sie als Schauspielerin ihr Herzblut gegeben hatte – rausgeschnitten. Zensiert. Deutschen Daddys nicht zumutbar.

Da war Romy schon lange nicht mehr die süße Sissi, die Daddys wie Mammis, Backfische wie Boys ins Träumen versetzt hatte. Romy ist in den 50er Jahren das Mädchen, das die anderen gerne wären – oder das sie gerne hätten. Und Romy selbst? Die ist damals mit ganzem Herzen dabei. Die Dreharbeiten. Die Reisen nach Italien, Indien, Amerika. Der Ruhm. Nur die kritische Presse kratzt an dem Glück und hämt über das »blitzsaubere Maderl«, den »süßlich, sentimentalen« Sissi-Kitsch. Sie trifft Romy Schneider damit tief. Denn auch der hängt die Sissi schon nach der ersten Folge »zum Hals raus«.

Einem Teil des Publikums nicht minder. Das breite Publikum macht Sissi zwar zum Welterfolg – und begreift damit instinktiv auch »Romys Einmaligkeit« (Riess). Die anderen aber gießen über die Heile-Welt-Filme wie

»Sissi«, »Schwarzwaldmädel« oder »Grün ist die Heide« nur Hohn und Spott – übersehen dabei allerdings Romys ungewöhnliche Ausstrahlung. Ihre schauspielerische Leistung wird im Zuge der pauschalen Ablehnung der Sissi-Filme gleich mit ignoriert.

Das anspruchsvollere Publikum interessiert sich im Nachkriegsdeutschland vor allem für den ausländischen Film: für den neuen Realismus aus Italien (von Regisseuren wie Roberto Rossellini) oder England (in Filmen wie »Bitterer Honig«) und die sozialkritischen Psychodramen aus Amerika, von Regisseuren wie Elia Kazan mit Schauspielern wie Elizabeth Taylor oder Marlon Brando. (Auch ich, die ich von Kindesbeinen an eine begeisterte Kinogängerin war, sah darum die frühen Filme von Romy Schneider erst 20, 30 Jahre später.)

Und während Romy Schneider noch ihre kiloschwere Sissi-Perücke durch die Studios schleppt, geht auf der Straße die erste Jugendrevolte los – im Westen angezettelt von den aufmüpfigen Söhnen der angepaßten Väter. 1956 wird James Dean mit »Jenseits von Eden« und »Denn sie wissen nicht, was sie tun...« zum weltweiten Idol einer verlorenen, rebellierenden Jugend. Sein früher Tod – mit 24 im Porsche – macht ihn nur noch mehr zum Mythos.

Ganz lebendig und ganz sinnlich ist Elvis Presley, der Weiße mit der schwarzen Stimme und dem aufregenden Hüftschwung. Er mischt 1957 mit »Tutti frutti« und »Jailhouse Rock« die Jugend der prüden westlichen Welt auf. In der Bill-Haley- und Elvis-Ekstase zerschlagen die Jungen in den Konzertsälen ganze Stuhlreihen – und fallen die Mädchen reihenweise kreischend in Ohnmacht. Noch sind die Erwachsenen so richtig zu schockieren. Weg mit den Anzügen und Krawatten, den Korsetts und Stöckelschuhen! Her mit der ersten Jugendmode, den Bluejeans oder Petticoats! Dieser ersten Jugendrevolte bleibt die rasche Vereinnahmung späterer Jugendmoden noch erspart. Zur satanischen Freude aller Rock'n'Roller und Möchtegern-ExistentialistInnen sind sie ein echter Bürgerschreck: Die Spießer drehen sich auf der Straße kopfschüttelnd um und verurteilen zutiefst die amerikanische »Negermusik« und die französische »Libertinage«.

Allerdings ist auch diese Jugendrevolte vor allem eine Jungenrevolte. Zwar werden auch einige Mädchen kekker – aber noch die Verwegenste unter den »Frühreifen« schwärmt vor allem für einen besonders verwegenen »Halbstarken«. Von daher liegt Romy mit ihrem Flirt mit Horst Buchholz, dem »deutschen James Dean«, genau richtig. »Mir gefiel sein Mut, für sich einzustehen«, schwärmt sie noch Jahre später. »Immer sagte er, was er denkt. Ohne Rücksicht auf Verluste, voller Zorn. Er war genau das, was ich mir unter einem Revolutionär vorstellte.«

Aber Mitte der 50er Jahre ist Sissi nicht das Idol der Halbstarken, sondern der braven Mädchen. Die Aufmüpfigen haben andere Vorbilder. Modell Nr. 1: Brigitte Bardot mit Schmollmund und Petticoat. Modell Nr. 2: Die Rock'-n'-Roll-Girls in Jeans. Modell Nr. 3: Die Existentialistinnen à la Juliette Gréco in Schwarz, Dreiviertel-Hosen und flachen Ballerina-Slippern.

1955 veröffentlicht Françoise Sagan mit 19 ihren ersten Roman: »Bonjour tristesse« – und wird damit eine der raren emanzipierten weiblichen Kultfiguren ihrer Zeit. Ganz wie James Dean rast sie barfuß im Porsche durch die Gegend, trägt die Haare streichholzkurz wie der Filmstar ihrer Romanfigur, Jean Seberg, und trinkt reichlich Whisky (was sie heute noch tut).

1956 heiratet die so erotische und so talentierte Marilyn Monroe (»der Körper«) den Dramatiker Arthur Miller (»der Kopf«) – und macht damit den verzweifelten (und letztendlich gescheiterten) Versuch, aus der Festlegung als Objekt auszubrechen. Die »berühmteste Sexbombe der Welt« will auch als Schauspielerin und Mensch ernst genommen werden.

Und Romy Schneider? Die soll »die deutsche Antwort auf Brigitte Bardot« werden: nicht die aktiv-sündhaft Verführende, sondern die passiv-unschuldig Verführerische. Das paßt den deutschen Daddys besser in den Kram. Unschuld ist angesagt in diesen Nachkriegsjahren – von Schuld reden die anderen (und die eigenen Alpträume) schon genug.

Doch schon die junge Romy Schneider spürt rasch die Gefahr der Festlegung auf die herzige Sissi. Bereits die zweite Sissi-Folge will sie trotz des überwältigenden Erfolges nicht mehr drehen. Als sie erfährt, daß Daddy und Produzent das hinter ihrem Rücken schon beschlossen haben, leistet sie zum ersten Mal offen Widerstand: »Ich spiele die Sissi II nicht!« erklärt der junge Star seinem Produzenten Tischendorf: »Ich bin es wirklich leid, daß immer über meinen Kopf entschieden wird.«

»Wie redest du denn mit mir?!« entgegnet der. »Ich habe überhaupt keine Zeit, mich mit solchen Kleinigkeiten abzugeben.« Da faßt Romy sich ein Herz: »Für mich sind das überhaupt keine Kleinigkeiten. Auf der einen Seite erklärst du immer, daß ich dein Kassenmagnet bin. Auf der anderen Seite hast du keine Zeit für mich. Wenn ich dir schon so wichtig bin, dann kümmere dich auch mal um mich!«

Doch Romy kämpft vergeblich. Blatzheim und Tischendorf »zwangen mich wieder in die Knie«. Zu diesem Zeitpunkt ist Romy Schneider 17 Jahre alt. Wenig später erläutert sie, fast entschuldigend: »Daß ich meist nicht den Mut habe, so aufzutreten, wie es manche von mir erwarten, liegt schließlich daran, daß zwei Drittel der Menschen, mit denen ich zu tun habe, dem Alter nach meine Eltern sein könnten. Das ist ein Problem – und nicht das kleinste.«

Dennoch, Romy ist entschlossen, sich durchzusetzen: »Als Sissi kann ich nicht mehr geben, als mir das Drehbuch erlaubt. Aber ich bin weder lieb noch herzig. Und ich möchte endlich beweisen, daß ich eine Vollblutschauspielerin bin, die sich nicht auf bestimmte Rollen festlegen läßt. Ich werde alles versuchen, um von meinem Sissi-Image loszukommen!«

Sie schafft es, in den Jahren 1956 und 1957, nebenher drei Filme zu drehen, die nicht dem Sissi-Image entsprechen: »Robinson soll nicht sterben«, »Monpti« und »Mädchen in Uniform«. Den »Robinson« hatte sie als Zugeständnis für ihre Bereitschaft, die Sissi Nr. 2 zu spielen, ertrotzt. Sie hat darin, an der Seite von Horst Buchholz, ein »zerlumptes junges Mädchen mit kleinen Zöpfen, und ein armes Luder dazu« (Romy) zu spielen.

Für die Dreharbeiten von »Monpti« (Mein Kleiner), ebenfalls mit Horst Buchholz und unter der Regie von Helmut Käutner, fliegt Romy zum ersten Mal nach Paris. Es ist die Zeit, in der Caterina Valente mit dem Ohrwurm »Ganz Paris träumt von der Liebe...« einen Hit landet und moderne junge Mädchen es für zwingend halten, sich unter den Dächern von Paris zu verlieben.

1956 ist auch das Jahr des brachial niedergeschlagenen Ungarn-Aufstandes gegen die sowjetische Besatzung. Horst Buchholz spielt in »Monpti« also einen Ungarn in Paris – und Romy Schneider kann ihm einfach nur verfallen, und das auch noch in »freier Liebe«. Was damals noch skandalös war... Aufregend skandalös. So kam es, daß »Monpti« mein erster Film mit Romy Schneider war, den ich im Alter von 17 sah. »Wenn du mich liebst, dann kaufst du mir Seidenstrümpfe« – das ist der Satz, den ich mir gemerkt habe.

Es folgt »Mädchen in Uniform« neben so renommierten Schauspielerinnen wie Lilli Palmer und Therese Giehse und unter der Regie von Geza Radvanyi. Das ist der erste Film, in dem die selbstkritische Romy Schneider sich selbst als Schauspielerin ernst nimmt. Für die ehemalige Internatsschülerin Rosemarie Albach dürfte es nicht schwer gewesen sein, sich in die Hauptrolle zu versetzen. Das Thema: ein preußisches Internat, in dem die Mädchen unter der Leitung der hartherzigen Giehse zu »guten Soldatenmüttern« erzogen werden und wo alle, Romy vorneweg, der fortschrittlichen, schönen Lehrerin Lilli Palmer verfallen sind.

Im Fall der von Schneider gespielten Manuela von Meinhardis scheint die Zuneigung des von Palmer gespielten

Fräulein von Bernburg nicht ganz einseitig zu sein. Das Ganze eskaliert zum Rausschmiß der geliebten Lehrerin und dem Beinahe-Selbstmord der jugendlichen Schwärmerin – und einem der sinnlichsten Kinoküsse der Nachkriegszeit. Für die junge Schauspielerin ist der Film ein Durchbruch. Sie schreibt in ihr Tagebuch:

Ich weiß es jetzt. Wenn man nur will, kann man alles. Geahnt habe ich das schon immer, aber seit ›Mädchen in Uniform‹ weiß ich das! Diese ganze Angst vor Szenen, von denen man glaubt, sie niemals zu können, ganz und gar zu sprengen. Wenn man die Lungen vollpumpt, der Druck im Kopf weggeht, und man nur noch das wird, was man sein will. Und es geht. Man bricht nicht mehr im Text ab, man stockt nicht. Ich schreie, weine, tue alles, wie es sein muß, mit voller Stimme, interessiere mich für niemanden mehr. Für niemanden. Und ich bin allein auf der Welt. Ich bin frei.

Alle im Team sind von Schneiders traumwandlerisch gutem Spiel tief beeindruckt. Um so enttäuschter ist Romy über die Kritiken. Zwar sind die gar nicht so negativ und ist da auch die Rede von der »wirklich beeindruckenden lieblich herben Romy Schneider« und ihrer »imponierenden darstellerischen Eindringlichkeit«. Doch ignoriert die große Presse in der Tat die Weiterentwicklung der Schauspielerin Romy Schneider und legt sie nun ihrerseits fest auf die ewige Sissi.

Dem SPIEGEL bleibt es vorbehalten, das Etikett von der »Jungfrau vom Geiselgasteig« (den Münchener

Bavaria-Studios) zu prägen. Romy ist verzweifelt – trotz des und trotz der Flut von Angeboten aus dem Ausland. Dem geliebten Tagebuch vertraut sie an:

Wenn ich könnte, wie ich gegenwärtig nicht kann, so würde ich folgenden Weg gehen: Jedes Jahr einen Film drehen, der ganz auf einen Kassenerfolg hingearbeitet wird – denn damit würde ich mir die Zustimmung der Verleiher erhalten und, weitaus wichtiger, die Überzeugung der Kinotheaterbesitzer, daß mit mir Geld verdient werden kann. Dann würde ich gern etwas Lustiges drehen, vielleicht ein modernes Musical oder eine Komödie, die frech und vorlaut sein kann. Schließlich würde ich gern als dritten Film einen harten, realistischen Stoff machen, so wie Horst Buchholz mit den »Halbstarken«. Dazwischen Schauspielunterricht und dann vielleicht in zwei Jahren Theater.

Doch Romy kann nicht, wie sie will. Noch nicht. Sie wagt es zwar, am 6. Februar 1958 einfach nicht zur Bambi-Verleihung zu erscheinen. Ein Skandal! Aber sie muß trotz ihres wütenden Widerstandes auch noch eine dritte Folge von Sissi drehen. Und das genügt Daddy Blatzheim immer noch nicht. Er versucht, der heftig widerstrebenden Romy nun auch noch eine vierte Sissi-Folge aufzuzwingen. Und er glaubt – so schlecht kennt er sie –, sie kaufen zu können.

Mit vier schwarzen Koffern reist der selbsternannte Manager nach Mariengrund, wo der junge Star gerade Ferien macht. Er klappt die Koffer vor ihr auf: darin liegen eine Million Mark. In bar. Jetzt reicht es Romy endgültig. Sie sagt kategorisch: Nein! Und sie bleibt dabei. – Vermutlich hat es zu ihrer Entschlossenheit beigetragen, daß diese Szene sich just in dem Zimmer abgespielt hat, in dem Daddy einst versucht hatte, zu weit zu gehen: in ihrem Kinderzimmer.

In der Zeit dreht Rolf Thiele (»Das Mädchen Rosemarie«) mit ihr den Film »Die Halbzarte«. Im Rückblick sagte der Regisseur: »Als ich sie damals kennenlernte, habe ich mich ziemlich bald geniert. Ich war unter festem Ufa-Vertrag und hatte da eine nicht ausgereifte, dümmliche Komödie zu machen. Und Romy war keine Sissi im Sinne der Filme, sondern eher wie die echte Sissi – ein Geschöpf von ratloser Verwegenheit. Als Schauspielerin war sie ein unausgeschöpftes Wesen – ein Gottesgeschenk für jeden Regisseur.«

Im Juni 1958 beginnen die Dreharbeiten zu »Christine«, einer Neuverfimung der »Liebelei« von Arthur Schnitzler, die Max Ophüls bereits in den 30er Jahren mit Magda Schneider verfilmt hatte. Es ist Romy Schneiders 14. Film. An ihrer Seite spielt ein noch unbekannter junger Mann namens Alain Delon.

Wenige Wochen später kommt es zum Eklat auf dem Filmball in Brüssel. Sie legt sich offen mit Daddy und Mami an. Romy will nicht mehr länger »Prinzessin« sein. Romy Schneider bricht aus. Rückblickend schreibt sie 1965 in der QUICK:

Jedes junge Mädchen versucht eines Tages, früher oder später, selbständig zu werden, sich vom Elternhaus zu lösen, ein eigenes Leben zu führen. Ich suchte diesen Absprung, seit ich achtzehn Jahre alt war. Aber ich fand ihn nicht. Ich war nun einmal nicht die junge Sekretärin, die sich eine andere Stellung in einer anderen Stadt suchen kann. Ich hatte Verpflichtungen, Verträge, ich hatte viele Ratgeber, die es alle gut mit mir meinten. Und ich war ehrgeizig. Ich wollte meine Unabhängigkeit nicht nur menschlich erringen, ich brannte darauf, auch künstlerisch Neuland zu gewinnen.

Für das Publikum hieß ich »Sissi«, für die Produzenten war ich die leibhaftige Verkörperung der süßen, unschuldigen kaiserlichen Hoheit. Die Regisseure und die Kritiker, die Kollegen in Deutschland, Frankreich und überall sahen mich nur als Sissi. Sie behandelten mich auch so – andere Rollen wurden mir selten angeboten.

Ich ganz allein schien zu wissen: Ich war keine Sissi. Ich habe die Sissi gespielt, aber ich ähnelte dieser Traumfigur im Leben überhaupt nicht. Schon als zehnjähriges Kind war ich nicht Sissi, als Achtzehnjährige noch viel weniger. Als Kind im Internat wollte ich Schauspielerin werden, eine richtige Schauspielerin – und ich wäre meiner Mutter mit vierzehn durchgebrannt, hätte sie mir nicht die Chance gegeben, im Film zu spielen.

Ich fühlte mich abgestempelt. Und nichts ist gefährlicher für eine Schauspielerin, als wenn sie einen Stempel auf der Stirn trägt. Mein Stempel hieß: Sissi. Keiner wollte es glauben, daß ich auch anders konnte. Ich sollte in diesem Film eine Prinzessin spielen und dann in jenem. Ich wehrte mich schon gegen die zweite Sissi – und spielte trotzdem die dritte. Warum? Ich wußte ein-

fach nicht, wie ich mich aus all den persönlichen und beruflichen Verstrickungen befreien sollte. Ich war ziemlich verzweifelt.

Und dann kam Alain Delon. Ich erinnere mich an jede Einzelheit. Wir hatten bei einer französischen Produktion den Vertrag für den Film »Liebelei« (deutscher Titel: Christine) unterschrieben, während ich in München mit Hans Albers den Film »Der letzte Mann« drehte.

Dann flogen wir nach Paris. Die Filmproduktion hatte auf dem Flughafen für die Presse ein Treffen mit meinem Partner Alain Delon arrangiert. Ich haßte diese Flughafen-Empfänge. Die Tür wird geöffnet, man tritt auf die Rolltreppe, Mammi steht hinter einem und flüstert ins Ohr: »Jetzt lächeln, lächle...«

So war es auch dieses Mal. Lächeln. Blitzlichter. Starre Augen. Unten vor der Rolltreppe stand ein zu schöner, zu wohlfrisierter, zu junger Bursche, ganz als Gentleman verkleidet, mit Schlips und Kragen und einem übertrieben modischen Anzug: Alain Delon.

Der Strauß roter Rosen in seiner Hand war auch zu rot. Ich fand das Ganze geschmacklos und den Knaben uninteressant. Auch er fand mich zum Kotzen – so drückte er sich später aus. Ein angeberisches, dummes, süßes Wiener Mädchen, ohne Pfiff. Und so was wird in Deutschland Star! Und mit diesem Typ mußte er jetzt sechs Wochen lang drehen.

Er sprach nicht Englisch, ich sprach nicht Französisch. Wir unterhielten uns in einer Sprachen-Melange. Am Abend trafen wir uns im »Lido« und tanzten für die Fotografen. Er hatte den Satz »Isch liebe disch« gelernt und fand es offenbar wahnsinnig komisch, ihn mir dauernd zu sagen.

Es war alles schrecklich banal und gar nicht komisch, und wir waren es auch nicht. Wir mochten uns nicht. Am nächsten Tag flog ich nach Ischia, wo ich ein Grundstück besaß. Dort las ich das Drehbuch. Alain schrieb mir einen formvollendeten, stinklangweiligen Brief, ich antwortete ihm ebenso korrekt wie fad.

In Paris erst lernte ich den wahren Alain kennen. Einen Verrückten. Einen blutjungen Burschen in Bluejeans und Sporthemd, einen ungekämmten, schnellsprechenden, wilden Knaben, der immer zu spät ins Atelier kam, mit einem Rennauto durch Paris raste, rote Ampeln überfuhr – einen Alain, über den man sich die ungeheuerlichsten Geschichten erzählte.

Ich mochte ihn immer noch nicht. Es herrschte ständig Kriegszustand zwischen Alain und mir. Wir stritten uns, daß die Fetzen flogen.

In diese Zeit fiel der Filmball in Brüssel. Zusammen mit Alain fuhr ich im Zug von Paris nach Brüssel. Und zum erstenmal stritten wir uns nicht. Wir flirteten. Als ich in Brüssel aus dem Zug stieg, sah mich meine Mutter nur kurz und forschend an: »O je – dich hat's erwischt...«

Es war nicht das erste Mal. Mit fast allen Partnern meiner Filme hatte ich auf Teufel komm raus geflirtet. Immer hatte ich mich recht schnell verliebt. So was ändert sich – das Tempo, meine ich –, aber ich werde mich immer wieder verlieben: hoffentlich. Und trotzdem ärgerte mich die Bemerkung meiner Mutter. Dieses Mal ärgerte sie mich – es war mein Flirt, es ging niemanden etwas an. »Was du nur immer hast...«, sagte ich schnippisch. An diesem Abend kam es zur offenen Auseinandersetzung mit meiner Familie.

Das erste Donnergrollen hatte sich während des Films »Monpti« bei meinem Flirt mit Horst Buchholz entladen. Damals hatte Daddy so dramatische Sätze hervorgebracht wie: »Wähle zwischen ihm und mir.« Aber ich konnte nicht wählen. Ich war viel zu dumm und jung und viel zu stark an die Familie gebunden. Ich konnte mir ein Leben außerhalb dieser Gemeinschaft überhaupt nicht vorstellen. Ich wählte nicht. Ich kuschte, mehr oder weniger.

Jetzt in Brüssel kam also das zweite Donnergrollen, aber schon viel mächtiger. Alain saß auf dem Ball am französischen Tisch, ich bei meinen Eltern am deutschen. Alain forderte mich zum Tanzen auf. Während des Tanzes bat er mich, doch an seinen Tisch zu kommen. Aber ich fühlte mich doch ganz als braves Töchterchen: Ich ließ mich von ihm zurück an den Tisch bringen.

Ich trank einen Schluck Champagner und dachte nach. Plötzlich begriff ich, daß die Bevormundung ein Ende haben müsse. Irgend etwas in mir revoltierte. Ich stand auf und sagte: »Ich gehe jetzt rüber zu Alains Tisch. Ich will da sitzen.«

Hätte ich mit einem Feuerlöscher auf den Tisch gespritzt, die Reaktion hätte nicht schlimmer sein können: Empörung auf der ganzen Linie. »Das kannst du unmöglich machen. Du gehörst hierher. Du kannst nicht *zu einem Mann an den Tisch gehen. Was sollen die Leute denken.«* – *An diesem Abend ließ ich mich wieder überreden. Es kriselte. Aber noch kam es nicht zum offenen Ausbruch.*

Wir drehten die Außenaufnahmen von »Liebelei« in Wien. Meine Mutter und ich wohnten im Hotel Sacher. Auch Alain wohnte dort. Nach dem letzten Drehtag brachte ich Alain zum Flughafen Schwechat. Ich bekam eine Sondergenehmigung und durfte ihn bis zum Flugzeug begleiten.

Ich stand auf dem Rollfeld. Er küßte mich zum Abschied, dann drehte er sich um und ging die Treppe hinauf.

Ich sah ihn da hinaufgehen, die Tür wurde hinter ihm geschlossen, ich sah sein Gesicht noch einmal hinter einer Scheibe – dann rollte die Maschine an den Start. Ich sah sie nicht mehr abfliegen. Ich konnte nichts sehen: zuviel Wasser in den Augen.

Im Hotel warf ich mich meiner Mutter in die Arme und heulte. Alain hatte meiner Mutter einen Brief für mich hinterlassen. Sie gab ihn mir. Aber ich konnte ihn nicht lesen. Mir verschwammen die Buchstaben vor den Augen.

Am nächsten Tag sollte ich nach Köln fliegen, nach Hause, mich dort erholen bis zum nächsten Film, ein ganz normales bürgerliches Leben führen, ausruhen, spazierengehen, Autogrammkarten unterschreiben, Drehbücher lesen...

Ich konnte es nicht. Ich flog nicht nach Köln. Ich kaufte mir eine Flugkarte Wien-Paris. Ich landete in Paris und rief Alain von Orly aus an.

Links: Schneider und Visconti bei den Proben zu „Schade, daß sie eine Hure ist".
Oben: Mit Visconti und Helmut Berger bei den Dreharbeiten zu „Ludwig II", wo sie noch einmal die Sissi spielt. Vorseite: Romy Schneider im August 1962 in Paris.

Oben: Romy Schneider mit Orson Welles bei den Dreharbeiten zu „Der Prozeß".
Rechts oben: Romy mit Bruder Wolf, Mutter Magda mit Jean-Claude Brialy.
Rechts unten: Ein seltenes Zusammentreffen: Romy mit Mutter und Vater, Wolf Albach-Retty.

Das Ende einer großen Liebe.
Die letzten Monate mit Alain Delon —
und die darauffolgende Einsamkeit.

Erst als ich den Hörer auf die Gabel gelegt hatte, begriff ich, was mit mir geschehen war. Ein Film war zu Ende – nur ein Film. Ich war frei. Ich war ausgebrochen.

Die 21jährige Romy bricht auf in eine Freiheit, die zwar nicht die Enge der deutschen Spießerwelt der 50er Jahre kennt, die jedoch neue Gefahren birgt. Darüber, ob die »Jungfrau vom Geiselgasteig« noch eine ist, hat eine ganze Nation spekuliert – es ist anzunehmen (nur Riess behauptet, der 30 Jahre ältere Käutner habe sie während der Dreharbeiten zu »Monpti« verführt). Vom Leben jedoch kennt Romy gerade mal Mariengrund, Goldenstein und die Filmstudios. Der Mann, an dessen Seite sie eilt, hat darin einen nicht wettzumachenden Vorsprung. Vor allem für eine Tochter aus gutem Haus, die zwar in ihren Rollen schon so viel weiß, in ihrem Leben aber noch so wenig.

Der Ausbruch – 1959 bis 1964

Im Herbst 1958 geht das deutscheste aller Mädchen nach Paris. Nicht nur der Liebe wegen, sondern auch in der Hoffnung auf eine berufliche Wende. Noch ist die Ex-Sissi mit 850.000 DM Gage pro Film zwar ein hochbezahlter Star – und verdient damit das 20fache von Delon –, aber die Kritiken werden zunehmend hämischer, der Abstieg ist absehbar.

Romy, jahrelang Kassenschlager Nr. 1, wird nun runtergeschrieben. Und das geht nicht nur ihr so. Spätestens seit dem Schock mit dem »geliebten Führer« scheint das Verhältnis der Deutschen zu ihren Stars und Idolen besonders angespannt zu sein. Sie verzeihen es sich nicht mehr, wenn sie geschwärmt haben – und hämen im nachhinein um so mehr. Auch die süße Sissi wird nun ein Opfer der deutschen Haßliebe zu Idolen.

Und dann auch noch dieser Franzose – ein gallischer Hahn, eh der wunde Punkt im erotischen Selbstbewußtsein des Germanen. Über die jahrelang hochgejubelte Romy Schneider wird in Deutschland jetzt ein Kübel von Häme gegossen. Die Presse beschimpft sie als »Emigrantin« der deutschen Filmwirtschaft. Und die Branche läßt sie hart fallen. »Ich halte es für einen Skandal, was mit dieser entzückenden Romy Schneider geschieht«, klagt Gustav Gründgens 1959. »Ich kann es gar nicht verstehen. Ich finde auch die Brutalität unbeschreiblich, mit der man mit einem jungen Mädchen umspringt. Ich würde mich gar nicht wundern, wenn sie einen Knacks für das Leben bekommt.«

In der Tat ist Romy Schneider noch 20 Jahre später außer sich über den Umgang speziell des deutschen Publikums und der deutschen Presse mit ihr. Nach den Dreharbeiten in Berlin 1976 sagt sie zu mir: »In Frankreich ist das ganz anders. Die Presse ist nicht so voreingenommen, und die Menschen auf der Straße lassen mich in Ruh'. Hier behandelt man mich wie deutsches Nationalgut. Ich könnte nie mehr hier leben. Ich kann ja keinen Schritt tun, ohne daß mich die Leute blöd angucken. Und die Paparazzi hetzen mich auf Schritt und Tritt. Das macht dich kaputt. In Deutschland hat man auf mich gespuckt – in Frankreich hat man mich mit offenen Armen empfangen.«

Von Paris aus erfüllt Romy noch zwei, drei bereits zuvor geschlossene Verträge und dreht belanglose Filme wie »Ein Engel auf Erden« oder »Die schöne Lügnerin«. Und dann steht sie da. In einem fremden Land, mit einem fremden Mann – und ohne die geliebte Arbeit: »In Deutschland war ich abgeschrieben, in Frankreich war ich noch nicht angeschrieben.« Romy hat »alle Brücken abgebrochen«. Dennoch nerven die täglichen Anrufe aus Köln (»Der ist nichts für dich. Komm zurück!«) sie zwar, aber sie verunsichern sie auch. Äußerlich hat sie gewählt, aber innerlich lebt sie in Paris »zwischen zwei Welten«.

So hatte Romy, die bis dahin kaum zum Atemholen gekommen war vor Engagements und Wichtigkeit, sich das nicht vorgestellt. Zum ersten Mal in ihrem Leben versinkt sie in Nichtigkeit, wird zur Frau an seiner Seite.

Alain raste von einem großen Film zum anderen. Ich saß zu Hause. Das Blatt hatte sich gewendet: Als ich Alain kennenlernte, war er der Anfänger mit einigen Hoffnungen. Ich war bereits eine erfolgreiche Schauspielerin. Oder sagen wir: Ich hatte mehr berufliche Erfahrung als er. Jetzt trafen wir abends im Künstlerlokal Elysée Matignon die großen Regisseure – sie unterhielten sich mit Alain über die nächsten Projekte. Für mich hatten sie ein paar freundliche Worte übrig.

Ich war deprimiert. Gereizt reagierte ich auf jede neue Erfolgsnachricht, auf jede Mitteilung über einen schönen Vertrag, den Alain erhielt. Ich lebte mit ihm. Aber ich war schließlich keine Mutter, die ein Typ wie er vielleicht gebraucht hätte, keine Frau, die ihm seine Strümpfe stopft, das Essen kocht und zu Hause auf ihn wartet. Ich war eine Schauspielerin und wollte arbeiten. Zum erstenmal in meinem Leben wurde ich eifersüchtig auf den Erfolg.

Die Gefahr, an der Seite eines Alain Delon als Hausmütterchen Wurzeln zu schlagen, ist allerdings gering. Wie jeder Mann könnte zwar auch er eine fürsorgliche Allroundkraft an seiner Seite bestens gebrauchen (und findet die auch später mit Mireille Darc), und ärgert er sich im Haushalt über die zwei linken Hände der verwöhnten Romy, aber ein klassischer Ehemann ist auch er nicht. Im Gegenteil.

Es hat vermutlich lange gedauert, bis das deutsche Mädchen Rosemarie anfängt zu begreifen, in wessen Hände sie da geraten war. Denn der drei Jahre ältere

Delon hatte ihr nicht nur ein Stück Lebenserfahrung voraus, er kam auch aus Welten, zu denen eine Frau bis heute keinen Zutritt hat.

Nach der Metzgerlehre beim Stiefvater in einem Pariser Vorort reißt Alain Delon, der schon als Kind laut Aussage seiner Mutter als besonders »grausam« auffällt, mit 17 aus, geht zur französischen Marine und kommt als Dschungelkämpfer in die damals noch französische Kolonie Indochina (später versuchten dann die Amerikaner ihr Glück in dem Land, das heute u. a. Vietnam heißt, und versetzten damit die halbe Welt in Aufruhr). Soldat Delon schafft es, es so toll zu treiben, daß ihn sogar die nicht sehr zimperliche französische Armee »unehrenhaft« entläßt.

Es folgen alle Arten von Jobs und Frauen wie Männer, vor allem aber Männer, die es dem schönen Jungen gerne leichtmachen. So leben Romy und Alain in der ersten Wohnung zusammen mit dem Delon-Freund George Beaume, sein Manager und Mädchen für alles. Später zieht das Paar zwar in eigene und immer prächtiger werdende Wohnungen, mal an der Seine, mal an der Place Vendôme, aber allein sind die beiden selten. Meist sind Alains Gespielen oder Gespielinnen mit von der Partie – was die so züchtig erzogene Romy tief geschockt haben muß. Tapfer versucht sie, das ganze unter »neue Freiheit« zu verbuchen. »Hier lieben alle alle – ist das nicht wunderbar, Mammi?«

Was die 21jährige Romy sich eigentlich gedacht hat auf Alains Landsitz Trancrou, ist nicht überliefert. In dem romantischen, 60 Kilometer von Paris entfernten Schlößchen frönt Delon, dessen Idol Humphrey Bogart ist und der später für Melville so überzeugend den »eiskalten Engel« spielt, ungehemmt seiner Freude an dem neuen Luxus und den alten Spielchen.

Eine französische Reporterin beschreibt die Lokalitäten im Detail: »Alains Schlafzimmer befand sich nicht im Schloß. Er hatte für sich alleine einen alten verwilderten und abgelegenen Wachturm im Hintergrund des Parks ausgewählt. Der Vorraum war als Jagdsaal eingerichtet. Dort hingen seine Luxusgewehre und standen Dutzende von Stiefeln. An blaßroten Lederhaken waren silberne Ketten mit silbernen Etiketten befestigt, auf denen die Namen von Alains 24 Hunden eingraviert waren.«

Und wenn am Wochenende Alains Copains kommen, wird in beißsicheren Jacken mit den scharfen Hunden gerauft und mit Revolvern auf Strohballen oder Tiere geschossen. Da mischt sich Alains alte Unterwelt mit der neu erworbenen Schickeria. Das sind die Feste, über die ein paar Jahre später ganz Frankreich tuscheln wird. Bei einer dieser Patouses (Sexparties) hatte Delons Bodyguard Stefan Markovich Ende der Sechziger kompromittierende Fotos gemacht, auf denen auch das damalige Präsidentenpaar Pompidou zu sehen gewesen sein soll. Seinen Versuch, mit den Fotos Geld zu erpressen, hat Markovich nicht überlebt. Und die französische Justiz hat vergeblich versucht, den einflußreichen Alain Delon für den Auftragsmord hinter Gitter zu bringen.

In Romys ersten Pariser Jahren mit Delon leisten die jungen Franzosen ihren Wehrdienst in den Noch-Kolonien Indochina oder Algerien. Dort kämpft die Grande Nation blutig gegen die nationalen Befreiungsbewegungen.

Folterungen gehören zum Tagessoll. Doch nur allmählich dringt das Grauen an die Öffentlichkeit und artikuliert sich auch im französischen Mutterland der Protest. Nicht zufällig wird Alain Resnais Film »Hiroshima mon amour« (nach dem Drehbuch von Marguerite Duras) 1960 zum Kultfilm und erhält die Goldene Palme in Cannes. Der Film zeigt das Leiden der Opfer und der (Wider-Willen)-Täter, er vermischt das Grauen von Hiroshima mit dem in Algerien.

Wenn sie zurückkommen, schweigen die meisten dieser jungen Männer mit den blutigen Händen. Sie leiden – oder sie verherrlichen die Gewalt auch im Zivilleben weiter, so wie Delon.

1961 bietet man Romy Schneider als erste Filmrolle in Frankreich in »Kampf auf der Insel« die Rolle einer Frau zwischen zwei Männern an, zwischen dem rechten Gewaltverherrlicher und dem linken Aufklärer. Als der Brutalo, gespielt von Trintignan, geht, läuft die geschlagene Frau ihm im Nachthemd hinterher und wimmert: »Ohne dich bin ich nichts.« – Zu der Zeit wird diese Art von Masochismus bei einer Frau noch kritiklos für den Ausdruck besonders großer Liebe gehalten.

Als in der De-Gaulle-Ära der Konflikt um die Loslösung Algeriens eskaliert, wird der ferne Krieg fast zum Bürgerkrieg. Die Schlachten finden nun auch auf den Straßen von Paris statt. In diesem Klima klingt es überzeugend – und ist vermutlich sogar einmal ehrlich –, wenn der nach Romy befragte Alain Delon sagt: »Sie hat mich mit ihrer Reinheit erobert. Romy ist auch angesichts der schlechtesten Dinge unschuldig. Das ist eine ganz außergewöhnliche, eine so verfängliche wie überwältigende Eigenschaft, die mich nach und nach aus der Fassung gebracht hat.«

Doch der am Anfang verliebte Delon fängt sich rasch wieder, genauer: ist nie wirklich aus dem Gleichgewicht gebracht gewesen. In diesem ersten rosaroten Überschwang bemerkt Romy die Gefahr nicht, woher sollte sie auch. »Alain hat meinem Leben eine ganz neue Richtung gegeben. Vor ihm wußte ich nichts«, erzählt sie jedem, der es hören will. »Ich liebe ihn. Und ich bin sehr glücklich und sehr dankbar, was immer auch kommen mag.« Denn: »Ich gehe immer aufs Ganze. Ich verschwende mich.« Sie verschwendet sich so, daß sie sich am Ende beinahe selbst verliert.

Doch gleichzeitig entdeckt die Deutsche in Paris ganz neue Welten. Die eleganten Restaurants und Modeateliers. Die nächtlichen Streifzüge in den Boheme-Kellern von Saint Germain. Die Fahrten mit Alains silbergrauem Ferrari im 200-Stundenkilometer-Rausch. Auf die polemischen Nachrufe aus Deutschland reagiert Romy trotzig. »Meine Heimat ist Frankreich. Ich will ganz französisch sein in der Art, wie ich lebe, liebe, schlafe und mich anziehe.«

Aber dann – dann kommt wieder die Einsamkeit. Und die Eifersucht. Da sind die Szenen und ist die Gewalt. Die körperlich unerschrockene Romy schlägt zurück, doch ist sie dem Dschungelkämpfer natürlich nicht gewachsen. Ein Delon, der kann nicht nur zuschlagen, der kennt auch keine Skrupel. – Es muß so manches geben in dieser Zeit, was selbst die mitteilsame Romy niemandem sagt. Weil sie vermutlich selbst nicht weiß, was sie davon zu halten hat. Und – weil sie sich schämt.

Doch erst einmal »wird aus der Tragödie eine Komödie« (Romy). Mammi und Daddy wollen, wenn sie schon die Mesalliance nicht verhindern können, ihr wenigstens einen bürgerlichen Rahmen geben. Ungefragt arrangieren sie eine »Verlobung« zwischen ihrem Romylein und dem Bürgerschreck. Daddy gibt Tag und Ort vorab der Presse bekannt: am 22. März 1959 in seinem Domizil am Luganer See. Romy erinnert sich bitter:

Ich reiste von Paris nach Lugano und erfuhr dort von Daddy: »Morgen findet eure Verlobung statt. Ich habe die Presse schon informiert. Alain wird hierherkommen.« Ich begreife es bis heute nicht, wie Daddy es fertiggebracht hat, Alain zu dieser Verlobung zu überreden. Weshalb gab sich dieser unbürgerliche Franzose zu einer solchen Farce her?

Wir »feierten« Verlobung, die Familie stellte sich vereint den Fotografen, jeder gab ein paar markige Sätze von sich. Mammi zum Beispiel sagte: »An Heirat ist vorläufig nicht zu denken, die Kinder sollen sich erst einmal richtig kennenlernen.« Die Kinder kannten sich schon ganz gut. Sie kannten besonders die Kluft, die sie trennte. Zwischen Alain und mir lag eine Welt.

Alain drückte das in seinem (Anm. d. A.: späteren) *Buch so aus: »Sie stammt aus der Gesellschaftsschicht, die ich auf der ganzen Welt am meisten hasse. Sie kann nichts dafür, aber sie ist unglücklicherweise von ihr geprägt. Ich konnte nicht in fünf Jahren das auslöschen, was ihr zwanzig Jahre lang eingetrichtert worden war. Die eine Romy liebte ich mehr als alles auf der Welt, die andere Romy haßte ich ebenso stark.*«

Romy dürfte es mit Alain eigentlich nicht anders ergangen sein. Aber er wird sich und ihr diese Farce nie verziehen haben. Und schon gar nicht das darauffolgende Weihnachten, von dem es doch tatsächlich ein Foto von einem plätzchenbackenden Alain Delon in weißer Schürze gibt, neben ihm eine elegante, lächelnde Romy. Denn Blatzheim ist die Verkörperung dessen, was Delon verachtet: ein »boche« und ein Spießer. Die Verachtung ist gegenseitig. Der old boy und der young boy kreuzen die Geweihe. Als es zwischen den Herren eskaliert und Blatzheim dem Verlobten vor versammelter Presse eine Szene machen will – da droht Romy erstmals ihrem »Daddy«: »Wenn du nicht den Mund hältst, sage ich Mammi, was damals in meinem Kinderzimmer in Mariengrund war...«

In den Jahren darauf wird die Verlobung zur vielbespotteten »Dauerverlobung« und nach rund vier Jahren von Alain Delon durch die Abreise mit der Neuen abrupt beendet. Doch noch ist es nicht soweit. Noch lange nicht. Das so unterschiedliche junge Paar lebt zusammen in Paris, und Alain Delon landet unter der Regie von Luchino Visconti in »Rocco und seine Brüder« und unter der von René Clément in »Nur die Sonne war Zeuge« zwei auch künstlerisch anerkannte Welterfolge. Im Sommer 1960 besucht ihn die arbeitslose Romy bei den Dreharbeiten mit Clément auf Ischia und erzählt:

Ich erinnere mich so genau an dieses Wochenende, weil damals die Wende in meinem beruflichen Leben begann. Alain und ich saßen in einem Bistro am Hafen. Wir unterhielten uns. Genauer gesagt: Wir unterhielten uns nicht, sondern Alain sprach. Alain redete und redete und redete. Über ein Thema, über einen Mann, über einen Regisseur: Luchino Visconti.

Ich hatte über diesen Wundermann schon in Paris so viele Wunderdinge gehört, daß es mir langsam zuviel wurde. Und Alain brachte in zweieinhalb Stunden am Hafen von Ischia das Faß zum Überlaufen. Welch ein Mann, welch ein Regisseur, welch ein Grandseigneur, und wie er dieses macht und jenes, wie er die Schauspieler führt und was für hinreißende Ideen er hat... Ich konnte es nicht mehr hören.

Ich war sauer, wenn ich nur den Namen hörte. »Jetzt hör'schon auf mit deinem Visconti!« sagte ich. »Du mußt ihn kennenlernen, dann wirst du anders sprechen...« »Ich verzichte. Ich will ihn nicht kennenlernen...« Wir hatten einen sauberen Krach. Er endete damit, daß wir beide nach verschiedenen Seiten abgingen. Ich flog verbittert nach Paris zurück.

Als Alain die Außenaufnahmen auf Ischia abgedreht hatte, fuhr er nach Rom. Von Rom aus rief er mich versöhnlich an: »Bitte komm nach Rom. Du mußt Luchino kennenlernen. Es ist mir so wichtig.« Mein Leben lang werde ich nicht vergessen, wie ich Luchino kennenlernte. Dieser Mann hat mehr für mich getan als irgendein anderer nach der sauren Zeit. Ich sehe mich noch in der Halle seines prächtigen Hauses in der Via Salaria stehen, behaf-

tet mit einer ganz dummen, kleinmädchenhaften Schüchternheit.

Ich gehe neben Alain auf Luchino zu. Er sitzt im Salon in einem riesigen Ledersessel, neben dem Kamin, und sieht mich an, als wollte er sagen: Aha, die Kleine von Alain, ich werde ihr den Zahn schon ziehen...

Er ist einer der bestaussehenden Männer, die ich je kennengelernt habe. In der ersten Viertelstunde, während des unverbindlichen Vorgeplänkels, bin ich schon hingerissen von ihm. Aber er zeigt seinen Widerstand gegen mich ziemlich deutlich. Ich registriere: Wahrscheinlich ist er eifersüchtig auf mich. Alain ist sein Schützling, er will etwas aus ihm machen, er duldet niemanden neben sich, der Alain ablenken könnte.

Romy ist lernfähig. Und flexibel. Sie hat die Situation rasch erkannt und läßt sich auf das Trio mit Delon und Visconti ein – auch weil sie selber fasziniert ist von dem Regisseur. Der herrische, selbstsichere Italiener paßt in ihr Ideal vom starken Mann – diese Männer, die Romy ihrerseits gerne benutzen, aber nicht immer achten.

Wenig später bietet Visconti Romy Schneider die Hauptrolle neben Alain Delon in dem von ihm geplanten Theaterstück »Schade, daß du eine Hure bist« an. In dem Renaissance-Drama geht es um eine Geschwisterliebe, an der beide zugrunde gehen. Delon und Visconti produzieren das Stück zusammen für das »Théâtre de Paris«. Und tatsächlich haben Romy und Alain – bei aller Unterschiedlichkeit – gleichzeitig auch etwas Geschwisterliches. Visconti setzt das geschickt ein.

Der Italiener gilt als grausamer, aber genialer Regisseur. Romy Schneider, die bis dahin noch nie in ihrem Leben auf einer Bühne gestanden hatte, ist überwältigt von seinem Angebot, aber traut es sich zunächst nicht zu. »Ich kann kein Französisch, ich kann mich nicht auf der Bühne bewegen – das wäre doch künstlerischer Selbstmord.« »Du hast also keinen Mut, Romina?« provoziert Visconti.

Doch, Mut hat Romy immer! Löwinnenmut. Sie lernt sprechen, sie lernt sich kleiden, sie lernt Mammis Einschüchterungen zu überhören (»Bist du wahnsinnig geworden? Du solltest erst Schauspielunterricht nehmen und dich in der Provinz bewähren!«). Romy arbeitet wie ein Tier. Und Visconti schont sie nicht. Die Proben zu dem Stück prägen sie tief:

Nie im Leben werde ich den Tag vergessen, an dem ich zum erstenmal das große Abenteuer erlebte, das Gefühl, eine Schauspielerin zu sein. Der Weg bis zu diesem Augenblick war ganz schön hart. Noch in der Erinnerung überrieselt es mich heiß und kalt: Meine versagende Stimme bei den Leseproben, die piepsige, fremde Stimme eines dummen kleinen Mädchens.

Unten im Parkett des riesigen Théâtre de Paris 1.350 leere Sitzplätze – nur ein Platz in der fünften Reihe ist in diesen Wochen zu Beginn des Jahres 1961 besetzt. Am Regiepult Luchino Visconti, jetzt kein Freund mehr, sondern ein kalter, sachlicher Beobachter, dessen Schweigen alles ausdrücken kann: Verachtung – Enttäuschung – Wut.

Ich weiß es nicht. Er sagt kein Wort. Und ich getraue mich nicht, ihn zu fragen, wie er mich findet. Ich fühle mich als Versager. Und dieses Gefühl steigert sich von Tag zu Tag wie ein Alptraum. Alain kann mir nicht helfen. Niemand kann das außer Luchino. Alain ist ein Filmmensch; es reizt ihn zwar, auch die Bühne zu erobern – aber das Theater braucht er nicht so wie ich. Ich fühle mich beladen mit Tradition – und diese Tradition verpflichtet.

Ich denke an meine Großmutter, die herrliche, unvergessene Burgschauspielerin Rosa Albach-Retty, die noch mit 85 Jahren stolz und würdig ihr Publikum fesselt. Sie wollte immer, daß ich Theater spiele. Sie hat mir immer zugeraten, aber ich hatte nicht den Mut gehabt. Jetzt muß ich ihn haben – ich muß Theater spielen, und noch dazu in einer fremden Sprache.

Ich denke an meinen Vater Wolf Albach-Retty und an meine Mutter. Ich denke: Du darfst ihnen keine Schande machen. Und denke: Es ist gar nicht mehr zu verhindern. Zu spät. Du hast dich auf ein Unternehmen eingelassen, mit dem du untergehen wirst...

Zur ersten richtigen Probe – vier Wochen lang haben wir ja nur am Tisch gelesen – komme ich in Hosen. Luchino Visconti aber besteht darauf, daß ich einen Reifrock überziehe. Der Reifrock soll mir helfen, mich als Annabella zu fühlen. Nach all den Reifröcken in meinen früheren Kostümfilmen ist das kein Problem. Ich habe mich immer als die Figur gefühlt, deren Kostüm ich trug. Die »richtigen« Bewegungen kamen dann von ganz allein.

Aber jetzt – jetzt nutzte mir das alles nichts. Ich tapste über die Bühne – war sie kilometerlang? Ich wußte nicht, was ich mit meinen Armen, meinen Händen anfangen *sollte. Sie hingen nutzlos an mir herunter, lästig und linkisch. Ich trug hohe Schuhe und sollte ein paar graziöse Tanzschritte über die Bühne machen. Das konnte ich doch? Diese Technik beherrschte ich! Keine Spur. Ich kam mir vor wie ein Elefantenbaby. Und die anderen müssen sich an den Kopf gefaßt haben.*

Im zweiten Akt trug ich einen roten Morgenrock aus schwerem Samt. Visconti liebte es, wenn auf der Bühne aller Dekor echt ist: Er ist ein Fanatiker der Authentizität. Allein für die Kostüme hat Visconti ein Vermögen ausgegeben. Deswegen war mein Morgenrock aus rotem Samt sehr schwer. Ich hatte jeden Abend rote Striemen auf den Schultern.

In diesem Morgenrock mußte ich eine der schwierigsten, eine fast artistische Szene spielen: Annabella, die aus einem blutschänderischen Verhältnis mit ihrem Bruder Giovanni – Alain spielt den Bruder – ein Kind erwartet, wird von ihrem Ehemann gepeinigt: Sie soll den Namen des Vaters ihres Kindes preisgeben.

Mein Partner Jean François Calvé muß mich auf dem Höhepunkt der Szene an den Haaren packen und von einer Ecke der Bühne in die andere schleudern. Das heißt, es sollte so aussehen als ob. Ich schaffte aber den Sprung nicht. Ich brachte es nicht fertig, mich oft genug zu drehen. Jedesmal landete ich in der Mitte der Bühne auf dem Boden. Nach unzähligen Versuchen war mein Körper grün und blau.

Und dabei wußte ich die ganze Zeit: Du könntest es schaffen, du bist trainiert genug. Irgend etwas hemmte mich.

Visconti hatte sich während der Proben bei einem Sturz auf der Treppe schwer am Knie verletzt. Von da an mußte er während der ganzen Proben am Stock gehen. Nun saß er unten, die Hände um den Stockknauf gelegt, und beobachtete mich. In der großen Wahnsinnsszene des Stücks wurde mein irres Gelächter zu einem blöden Wimmern – ich kam nicht über die Rampe.

Visconti sagte wenig, nur hin und wieder: »Ich höre dich nicht...« Ich weiß inzwischen, daß er mich gehört hat. Es war seine Taktik. Er wollte mich quälen, mich fertigmachen – um das Letzte herauszuholen. Er ging sehr weit. Nach einem langen Satz, den ich in Italienisch zu sprechen hatte, lehnte er sich in seinem Stuhl zurück und lachte. Visconti lachte über mich!

Mir schien es der Abgrund zu sein. Aber es sollte noch schlimmer kommen. Ich mußte ein italienisches Lied singen, das ich bei einem Komponisten einstudiert hatte. Tagelang hatte Visconti die Probe immer kurz vor dem Lied abgebrochen. Am 62. Tag der Proben sagte er plötzlich: »Weiter...«

Mich muß der Teufel geritten haben. Ich sah ihn erstaunt an. »Wieso?« frage ich. »Das hast du nicht gesagt vorher.« Ein Stockschlag auf den Boden. »Weiter, habe ich gesagt!« Ich konnte das Lied singen, es saß – und trotzdem sagte ich: »Können wir das nicht morgen machen? Ich kann das Lied noch nicht.«

Einen Augenblick lang lähmendes Schweigen. Dann brach das Gewitter los: »Wenn du das Lied nicht sofort singst, sofort, dann brauchst du es nie zu singen. Nie mehr in deinem Leben. Du kannst nach Hause gehen!«

»Aber...« – »Geh nach Hause und komm nie wieder!« Sein Stock wies unmißverständlich zur Tür. »Au revoir, Mademoiselle...« Ich kann jedem Menschen in die Augen sehen – aber Viscontis Blick konnte ich in diesem Moment nicht standhalten. Ich sang. Ich sang mit einer ganz dünnen, flatternden Stimme – ein gescholtenes Kind mit Gänsehaut. Und Visconti befahl nur: »Weiter, weiter!«

In der üblichen Pause schickte er alle anderen Schauspieler nach Hause. Nur mein zweiter Partner Daniel Sorano und ich mußten bleiben. Ich war so fertig, daß ich nicht einmal Champagner trinken konnte, der mich sonst immer aufmuntert. Dieses entsetzliche Gefühl der Minderwertigkeit...

Am Nachmittag arbeitete ich allein mit Visconti, dem Regieassistenten Jerry Mack und Daniel. Ich fing immer wieder von vorne an. Visconti schwieg. Zehnmal, zwanzigmal hörte er sich mein Gestammel an. Auf einmal löste sich etwas in mir. Ich veränderte mich innerlich und äußerlich. Von einer Sekunde auf die andere war ich nicht mehr Romy Schneider. Ich war Annabella. Nur Annabella, überhaupt nicht mehr Romy Schneider.

Ich schreie den Satz heraus, ich singe das Lied mit voller Stimme, ich bewege mich, wie sich Annabella bewegt, ich spreche nach dem Lied weiter, ich breche nicht mehr ab, spreche den ganzen Dialog, bin allein auf der Welt, interessiere mich nicht für den Regisseur, den Partner, das Theater. Ich bin frei.

Und dann ist es zu Ende. Ich setze mich mitten auf der Bühne auf den Boden, lasse mich fallen und flenne hem-

mungslos. »Wir hören auf«, *sagt Visconti. Er humpelt über die Bühne, beugt sich zu mir, legt mir die Hand auf die Schulter.* »Nicht schlecht, Romina...«

Ihre Unterwerfung unter Viscontis »Genie« ist typisch für Romy. Denn das, was sie lernen will, scheint sie nur bei Männern zu finden. Im Gegenzug dafür ist sie – nicht nur bei Visconti – bereit zur völligen Selbstaufgabe.

Wenige Tage vor der Pariser Premiere wird Romy krank. Blinddarm. Inzwischen fiebert schon ganz Paris dem Ereignis der Saison entgegen. Sogar Jean Cocteau schickt Romy eine Zeichnung ins Krankenzimmer mit dem Satz: »Frankreich befiehlt dir, gesund zu werden!« Nach fünf Tagen Krankenhaus und zehn Tagen Erholung tritt sie an, die Premiere wird für den 29. März 1961 festgesetzt. Alle, einfach alle sind da: Ingrid Bergman, Anna Magnani, Jean Marais, Curd Jürgens, Shirley MacLaine, KollegInnen aus der ganzen Welt, tout Paris, selbst Bruder Wolfi und Mutter Magda fehlen nicht.

Der Abend wird zum Triumph. Zum Triumph für Romy Schneider. »Sie war die entfesselte Schamlosigkeit selbst und gleichzeitig die Verkörperung rührendster Reinheit«, schwärmt die Kritik am nächsten Tag. »Der Kampf dieser Wochen, die Verzweiflung hatten sich gelohnt«, sagt Romy später. »Ich war sehr stolz an diesem Abend.« Das Stück wird 150mal vor ausverkauftem Haus gespielt, vor allem wegen ihr. »Ich wußte, ich bin besser als Alain«, sagt sie, dieses eine Mal ihrer Selbst ganz sicher.

Die Visconti-Inszenierung wird für die Schauspielerin »im Exil« (wie deutsche Zeitungen gerne schreiben) zum

Eintritt in die Pariser Boheme und zum Beginn einer neuen Karriere. Kurz danach dreht Schneider mit dem so verehrten Regisseur »Bocaccio 70«. Visconti interessiert sich zwar erotisch nur für Männer, scheint aber, wie viele Männer, eine gewisse Faszination für Romy Schneider zu haben. Sie habe, gesteht er ihr bei einem Abend zu zweit, »seine tiefe Affinität für das Nordische, das Deutsche geweckt und durchaus auch für Frauen«. Romy erinnert sich lebenslang, wie er fortfuhr: »Ich sei viel älter, als ich wüßte. Es sei eine Tiefe, eine Jungfräulichkeit und auch Sünde in meinem Wesen – etwas, das unglücklichen Männern keine Furcht mache.«

Die Jungfräulichkeit und die Sünde – Visconti bringt damit den Kern männlicher Faszination für die Frau Romy Schneider auf den Punkt. Jetzt werden auch die amerikanischen Regisseure und Produzenten auf den europäischen Star aufmerksam. Sie spielt die Rolle der Leni in Kafkas »Prozeß«, an der Seite von Anthony Perkins und unter der Regie des legendären Orson Welles. Wie immer bei großen Lieben und großen Regisseuren unterwirft Romy Schneider sich auch ihm ganz. »Wenn Orson Welles mich bitten würde, eine unbedeutende kleine Rolle zu spielen oder die Hauptrolle ohne Gage – ich würde sofort alles stehen- und liegenlassen.«

Für Orson Welles ist sie »die beste Schauspielerin ihrer Generation«. »Die Schneider«, wie sie jetzt in Frankreich heißt, erhält für die Rolle der Leni nicht nur den Preis der »besten ausländischen Darstellerin«, sondern auch den renommierten Kristallstern der »Académie du Cinéma«. Sie hat den Durchbruch zur Charakterdarstellerin geschafft.

Hollywood ruft und gibt Romy Schneider einen Vertrag über sieben Filme. Der zweite ist »Der Kardinal« von Otto Preminger, einem der vielen europäischen Emigranten in Hollywood. Zu den Dreharbeiten müssen Preminger und Schneider zurück ins Sissi-Wien. »Das Publikum hier kennt sie noch gar nicht wirklich«, bemerkt der Regisseur. »Hier muß sie erst durch die Mauer.« Preminger kennt noch von früher Romys ganze Familie, inklusive Großmutter Rosa, da wiegt es für Romy um so schwerer, wenn er sagt: »Ich konnte die ganze Breite ihres Talents erst ermessen, als ich mit ihr arbeitete. Sie hat eine unwahrscheinliche Ausstrahlung und Wandlungsfähigkeit.«

Während dieser Dreharbeiten im Frühling 1963 sitzt Romy Schneider zum ersten Mal seit über 20 Jahren zusammen mit ihrer Mutter Magda Schneider und ihrem Vater Wolf Albach-Retty an einem Tisch. »Reg di nit auf«, das ist der Satz, den die Tochter sich aus dem Mund des fernen Vaters gemerkt hat. Und noch am Todestag hat sie den Zettel in der Tasche, den der Vater ihr einst geschrieben hatte, und auf dem steht: »Steck deine Kindheit in die Tasche und renn davon, denn das ist alles, was du hast.« Viel wußte gerade er nicht von der Kindheit seiner Tochter, aber so war er eben, Romys Pappili: charmant desinteressiert – was jedoch die Zuneigung und Bewunderung der Tochter kaum erschüttern kann.

Romy Schneider hastet inzwischen von Dreharbeiten zu Dreharbeiten. Schluß mit der Muße und dem Warten auf Alain Delon in der gemeinsamen Wohnung oder dem Hocken in den Kulissen bei seinen Dreharbeiten. Die beiden telefonieren viel. »Das Alleinsein zwischen den Filmen fällt mir schwerer als früher«, sagt sie in dieser Zeit. »Aber mein Zuhause ist Frankreich.« Doch wenn sie in dieses Zuhause kommt, ist es meistens leer.

Hinzu kommt, daß der gesellschaftliche Trubel Romy Schneider nicht liegt, egal ob in Paris oder Hollywood. »Was sollen diese Einladungen? Gelage, auf denen man angeblich zum Star gemacht wird, lehne ich ab. Denn langweilen kann ich mich besser allein.«

In dieser Zeit lernt die Schauspielerin in Paris zufällig die etwa gleichaltrige Christiane Höllger kennen, die mit Film nichts zu tun hat, aber auch eine Deutsche ist. Die beiden jungen Frauen freunden sich an, und Romy hält der fernen Christiane lebenslang, wenn auch mit Unterbrechungen, die Treue. Ihren ersten Eindruck von Romy schildert Höllger so: »Sie konnte in einer Art und Weise sicher und dann blitzschnell unsicher sein, wie es mir bis dahin noch nie begegnet war. In den ersten Tagen unseres Kennenlernens fuhren wir zusammen im Taxi, sie zu ihrem Tanzunterricht und ich, um Schuhe zu kaufen. Im Auto zogen wir uns die Strümpfe aus, um unsere häßlichen Zehen zu vergleichen. Sie sagte: ›Kannst du dir vorstellen: Ich so‹ – sie wedelte mit den Füßen – ›nackt, auf der Leinwand. Unsereins als Vamp?‹ Ich antwortete: ›Nein, nicht richtig.‹ Und sie, mit einem plötzlich eisigen Blick: ›Gib's zu, du findest unsereins doch auch nur Kaiserschmarrn!‹«

Rückblickend scheint es Höllger, als sei das Hauptthema zwischen ihnen beiden damals die Sehnsucht nach dem erlösenden »Prinzen« gewesen. Nur: Christiane war da eine unbekannte junge Frau, Romy schon ein Weltstar. Und sie hatte doch eigentlich auch ihren Prinzen – oder hat sie ihn schon nicht mehr?

Es naht der Herbst 1963, für Romy beginnt »das scheußlichste Jahr meines Lebens«. Sie macht gerade mit ihrem Bruder Wolf Ferien in ihrer Wohnung in Monte Carlo, und Alain dreht einen Film in Madrid. »Da sah ich in allen Zeitungen immer das gleiche Bild: Alain in seinem Klappstuhl und auf seinen Knien ein Mädchen, das einen großen Hut trug.«

Romy und Alain telefonieren täglich miteinander. Stellt sie Fragen, »lachte er alles weg«. Das letzte Mal vor der Trennung sieht sie ihn in Rom, da ist er »wie immer« und begleitet sie unbefangen zum Flugzeug nach Hollywood. Nichts scheint sich geändert zu haben, nur die Zeitungen sprechen immer öfter von der Dame mit dem Hut, die inzwischen auch einen Namen hat: Nathalie Barthélemy. Sogar über (noch) eine Verlobung wird offen spekuliert.

Als Romy von den Dreharbeiten in Amerika zurückkommt in die gemeinsame Wohnung Avenue de Messine, steht auf dem Tisch ein Rosenstrauß. Daneben liegt ein Zettel: »Bin mit Nathalie nach Mexiko. Alles Gute. Alain.« Romys Absturz ist total.

Sicher, auch sie hatte längst »voller Verzweiflung gespürt, daß unsere Beziehung in Quälerei ausartete, und dann wollte ich Schluß machen. Aber ich konnte es nicht. Ich möchte das Ganze nicht noch mal erleben, ich könnte es nicht ertragen. Aber ich liebte ihn und verzieh ihm immer wieder. Wenn es nach mir gegangen wäre: Ich hätte ihn nicht aufgeben können.«

Alain kann, er existiert auch außerhalb von Romy. Romy kann nicht, sie existiert nicht außerhalb von ihm. So ist es nur konsequent, daß Romy Schneider sich die Pulsadern aufschneidet. Sie wird gerettet. Der Skandal wird vertuscht.

Als sie sich wieder erholt hat, erklärt sie: »Für mich war bis jetzt das Wichtigste die Arbeit. Aber das wird sich ändern. Ich will nicht eines Tages nur meinen Beruf haben. Ich bin sowieso schon zu selbständig geworden – und das ist gefährlich für eine Frau.« – Aber es ist auch gefährlich für eine Romy Schneider, keinen Beruf zu haben und nicht selbständig zu sein. Der Konflikt scheint unlösbar. Und es ist bis heute der Konflikt der meisten berufstätigen – und gar noch erfolgreichen – Frauen. Genau dieser Konflikt macht die 1982 Gestorbene zum aktuellen Idol von heute.

Das triste Ende der »Romanze des Jahres« anno 1958 löst reichlich Schadenfreude aus bei denen, die es immer schon besser gewußt hatten. Daddy Blatzheim steckt die dräuende Trennung schon Wochen vorher der BILD-Zeitung. Romy ist außer sich. Sie telegraphiert nach Köln: »Wenn jemand geschieden ist, dann sind es wir beide. Tu me dégoutes (Du widerst mich an). Ich hasse dich. Ich kannte bisher nie dieses Gefühl.« Was Romy jedoch nicht hindert, nach Delons Abgang Weihnachten 1963 zu Mammy und Daddy nach Mariengrund zu flüchten. Sie hat sonst niemanden.

Wenige Monate später erscheint ein Vorab-Kapitel von Delons frühen Memoiren in dem Regenbogenblatt FRANCE DIMANCHE, darin der bemerkenswerte Satz: »Für mich ist und bleibt Romy die Frau, von der ich mir

Söhne gewünscht hätte.« Ein Satz, der – einmal ganz abgesehen davon, daß Nathalie ihm wenige Monate später einen Sohn »schenkt« – durchaus nahelegt, daß Delon es in der Tat nicht verkraftet hat, neben sich kein flexibles Kätzchen (wie Nathalie) zu haben, sondern eine erfolgreiche Schauspielerin (wie Romy).

Romys Pause nach der Trennung ist lang. Erst ein Jahr später dreht sie wieder, »What's new pussycat« mit Clouzot als Regisseur. Die Arbeit zwischen ihr und ihm wird zur Katastrophe für beide. Zu ihrem Glück bekommt Clouzot einen Herzinfarkt und muß für ein Jahr aussetzen. Die Dreharbeiten werden abgebrochen.

Inzwischen residiert der Star in der feinsten Straße von Paris, in der Avenue Hoche. »Mademoiselle«, wie das Personal sie nennt, scheint alles zu haben, was das Herz begehrt: ein Hausmädchen, eine Privatsekretärin, einen Chauffeur und eine Pressereferentin. Und doch... Im Dezember 1964 öffnet sie zwei Journalisten, Will Tremper und Fotograf Bokelberg, die Tür und erklärt sich bereit, für den STERN Modelle ihrer Freundin Coco Chanel vorzuführen. Aber: »Das schwöre ich: Wenn das eine schlechte Story über mich wird, waren das die letzten Journalisten, die ich empfangen habe.«

Resultat: Tremper schreibt den wohl indiskretesten und brutalsten Artikel ihres Lebens. Wie die »hemmungslose Show-Spielerin« vor ihnen tanzt, trinkt, weint und »grölt«: »Wie konnte aus dieser Schauspielerin jenes verworrene Bündel Mensch werden, das wie kopflos durch die Wohnung in der Avenue Hoche flatterte?« fragen sich die Herren Reporter. Und sie hämen fort: »Schließlich sagte der Fotograf: ›Ich war bei Petra Krause (Anm. d. A.: eine bekannte Fernsehansagerin) am Abend vor ihrem Selbstmordversuch, ehe sie aus dem Fenster sprang. Damals war sie in genau der Stimmung wie heute Romy.‹ ›Ich möchte wissen‹, sagt der Reporter, ›ob wir uns vielleicht in der Adresse geirrt haben. Das kann doch nicht Romy Schneider gewesen sein!‹«

Nun, es war Romy Schneider, denn auch sie ist nur ein Mensch. Wenn einer sich an diesem Tag in der Adresse geirrt hat bzw. in den Adressaten, dann wohl eher sie. Dennoch ist die lebenslange Naivität, mit der die sich selbst als »pressescheu« deklarierende Romy Schneider bis zuletzt Journalisten ausliefert (und da mal den richtigen und mal den falschen), schon auffallend. Warum vertraut sich Romy Schneider trotzdem immer wieder Journalisten an? Aus Distanzlosigkeit? Aus Einsamkeit? Aus Naivität? Oder weil sie glaubt, daß man sie dann besser verstehen, daß man sie richtig sehen wird? – Wahrscheinlich von allem ein bißchen.

Und ist es vielleicht diese besondere Mischung von naiver Auslieferung und wütender Verweigerung, die manche Journalisten gerade bei Romy Schneider, die von der deutschen Presse in der Nachkriegszeit gehetzt wurde wie kein anderer Star, so enthemmt? – Übrigens: Der Titel der skrupellosen STERN-Story von damals lautet: »Romy will zurück nach Deutschland.« Was stimmt. Als dieses für sie so harte Jahr 1964 in Frankreich zu Ende geht, ist sie auch fertig mit dem Land und so notiert Romy in ihr Tagebuch Sätze, die zu den aufschlußreichsten ihres Lebens gehören:

Januar 1965
Ich bin müde. Mein Leben ist die Hölle. Nur abends bin ich manchmal glücklich. Hoffentlich kehrt »sie« mit der Nacht nicht zurück.
Sie ist immer da. Sie, das ist die Andere. Mit ihren Augen starrt sie in der Nacht. Sie beschimpft mich, sie lacht, sie weint. Sie hat immer eine Hand auf meiner Schulter. Sie paßt immer auf mich auf. Sie wirft mir alle Fehler vor, einmal, zweimal, dreimal. Ich werde sie nie los. Aber ich lasse sie.
Der Mann, den ich liebte, sagte immer: »Laß dich doch einmal gehen, gib dich ganz, spring ins Wasser...« Er hatte so recht. Alles kotzte mich an. Wenn ich die Andere doch nur töten könnte. Eines Tages werde ich es schaffen.
Ich weiß noch, wie es begann: Vor sehr, sehr langer Zeit. Es war im Winter in der Schule in Salzburg. Ich betete, ich war vielleicht acht Jahre alt. Lieber Gott, gib, daß ich Schauspielerin werde. Ich war glücklich, wenn ich betete. Ich fand mich irgendwie erhaben. Ich lag auf den Knien und sah mich so selbst. Das Gesicht in die Hände vergraben, die weiße Wand, das Kruzifix.
Doch auf einmal konnte ich nicht mehr beten. Denn sie war schon da, die Andere, die alles zerstörte, mein Gebet, meine acht Jahre, meine Unbefangenheit. In meinem Privatleben verlangte man immer von mir. Ich will nicht, daß man mir etwas nimmt, was ich nicht geben will. Man bestiehlt mich dann damit. Man hat mich nicht nur bestohlen, man hat mich geplündert! Ich war wie ein Hund. Ich habe »schön« gemacht, bis ich Krämpfe bekam.

Dabei bin ich fähig, einen Mann zu lieben, am Morgen, wenn er ganz verschlafen ist. Wenn er auch noch nicht die Zähne geputzt hat und seine Augen noch vom Schlaf verquollen sind. Da ist er echt, so liebe ich ihn.

Aber ich brauche Stärke. Einen Mann, der mich gewaltsam in die Knie zwingt. Doch ich bin bisher nur auf Schwäche gestoßen. Wir waren zwei, die kläfften! Mich müßte ein Stärkerer in die Hand nehmen, mich zurechtbiegen, mich bis in die Knochen zerstören. Aber gibt es so einen Mann? Zuerst war es so. Und ich sagte: »Lieber Gott, hoffentlich bleibt es so.« Und ich wußte, daß es nicht so bleiben würde. Ich habe gedacht, halte diesen Augenblick fest, lebe ihn ganz, denn morgen ist alles vorbei, und du wirst die Zeche für dein Glück zahlen müssen.

Ich habe gezahlt. Den höchsten Preis.

Die Andere. Sie ist immer da. Sie hat keine Fehler. Sie ist die reine, gute, perfekte Frau. Sie kennt weder die Abgründe noch die Ambitionen von Romy. Sie ist gütig, selbstlos und schön. Sie ist nicht »zu dick«, wie Romy, sie muß sich nicht als »Pummel« verspotten lassen, sondern traut sich täglich auf die Waage. Sie ist nicht dumm, sondern klug und gebildet. Sie ist dennoch bescheiden. Sie opfert sich auf. Sie liebt und wird geliebt.

Die Andere. In ihrem perfekten Gesicht spiegeln sich die eigenen Fehler und Unzulänglichkeiten der Romys dieser Welt. Sie flüstert mit vielen Stimmen: mit der Stimme der Mutter (»Lächle«), mit der Stimme der Präfektin (»Sei demütig«), mit der Stimme von Daddy

(»Mach keine Schwierigkeiten«), mit der Stimme des Regisseurs (»Ohne mich bist du nichts«), mit der Stimme der Modeschöpferin (»gesundes Pummelchen«), mit der Stimme des Liebhabers (»Für wen hältst du dich eigentlich?«).

Die Andere ist die, die Romy sein sollte – und die sie nie sein wird.

Fast alle Frauen kennen diese Andere; manche mehr, manche weniger. Virginia Woolf nennt sie den »Engel im Haus« und beschreibt sie so: »Diese Person war voll inniger Einfühlsamkeit. Sie war unendlich liebenswürdig. Sie war gänzlich selbstlos. Sie war unübertroffen in den schwierigen Künsten des Familienlebens. Täglich opferte sie sich auf. Gab es Hähnchen, nahm sie das Bein; war irgendwo Zugluft, so saß sie drin – kurzum, sie war so beschaffen, daß sie weder einen eigenen Kopf noch einen eigenen Wunsch hatte, sondern es immer vorzog, mit den Köpfen und Wünschen anderer übereinzustimmen.«

Auch Virginia Woolf wird irgendwann von diesem »Engel im Haus« überwältigt – aber sie hat es auch geschafft, die »Andere« zu vertreiben: »Als ich ans Schreiben ging, traf ich auf diese Gestalt beim allerersten Wort. Die Schatten ihrer Flügel fielen auf mein Blatt: ich hörte das Rauschen ihrer Röcke im Raum. Sie war es, die sich immer wieder zwischen mich und mein Papier drängte, wenn ich schrieb. Sie war es, die mich störte und mir die Zeit stahl – und mich so quälte, daß ich sie schließlich umbrachte. Ich kehrte mich gegen sie und ging ihr an die Kehle. Meine Rechtfertigung, würde ich vor Gericht gestellt, wäre, daß ich in Notwehr gehandelt habe. Hätte ich sie nicht getötet, dann sie mich.« – Virginia Woolf kommt zu dem Schluß, daß sie sich durch die Tötung der Anderen »von der Verlogenheit befreit« habe.

Von dieser »Verlogenheit« hat Romy Schneider sich lebenslang nicht befreit – und wenn, dann immer nur für kurze Momente. So wie nach der Premiere von »Schade, daß du eine Hure bist«. Da triumphiert sie: »Ich bin keine Unperson!« – Kurz, ganz kurz hat sie sich selbst zu fassen gekriegt. Kurz, ganz kurz, weiß sie, wer sie ist – und sein könnte. Dann verschatten die Flügel der Anderen wieder ihren Blick.

Wie hart hatte Romy Schneider gegen die Andere gekämpft! Bei den Proben mit Visconti ist sie bis zuletzt überzeugt, daß der große Regisseur sie verachtet, ja haßt. So notiert sie am 22. Februar 1961 in ihr Tagebuch: »Mich jeden Tag ertragen zu müssen. Süßlicher Mist, Schokoladenguß, Wiener Schmäh. La petite Allemande, eine zerbröselte Semmel... Brösel, wird jeder Kritiker sagen, sollte man wegpusten.« Und, schon wieder: »Ich trau' mich nicht mehr, mich zu wiegen.«

Dann hat »la Schneider« zwar bewiesen, daß sie keinesfalls »süßlicher Mist« ist, sondern eine erschütternde Schauspielerin. Aber wie lang hält das vor? Und: Verdankt sie das nicht in Wahrheit IHM – und würde sie es jemals alleine und noch einmal schaffen?

In keinem Metier ist die Kluft zwischen dem, was scheint, und dem, was ist, so groß wie in dem der FilmschauspielerInnen. Das gilt für Frauen wie Männer – nur, daß bei den Frauen noch »die Andere« dazukommt, die flüstert und zerrt. Nicht eine, schon gar nicht unter den ganz Großen, hat ihren Ruhm wirklich genießen können. Dafür scheint die Kluft zwischen dem Produkt, das das Publikum auf der Leinwand bewundert, und dem, was im Studio und am Schneidetisch passiert, zu groß.

Die Bühnenschauspielerin steht da und leistet das, was die Zuschauer sehen. Die Filmschauspielerin aber setzt sich zusammen aus tausend Effekten und einzelnen Szenen, die ihr selbst oft nichts als ein Kunstprodukt zu sein scheinen, ganz ohne eigene Verdienste. Dabei sind Ausstrahlung und Ausdrucksfähigkeit auch hier in Wahrheit nicht ersetzbar. Aber die meisten Regisseure, diese Halbgötter in Schwarz, tun alles, um ihren SchauspielerInnen diese Austauschbarkeit zu suggerieren: sie zu Wachs in ihren Händen und sich zum Schöpfer zu deklarieren.

So war Marlene Dietrich überzeugt, ein Nichts zu sein und alles den Lichtkünsten eines Sternberg zu verdanken. So haßte Greta Garbo ihr Bild als »schönste Frau der Welt« und fühlte sich tief innerlich als Mann. So krepierte Marilyn Monroe daran, als »der Körper« begehrt, aber als Mensch nicht geachtet zu sein. – Romy Schneider ist mit ihren abgründigen Unwertgefühlen also keine Ausnahme.

Am Ende dieses Jahres 1964 ist Romy für die Welt ein berühmter Filmstar – und für sich selbst nichts als ein Häufchen Elend. Sie hat alles falsch gemacht. Sie wird jetzt versuchen, alles richtig zu machen. Alles muß anders werden. Nur noch ein wirklicher Mann, bzw. einer, den Romy dafür hält, kann ihrer so nichtigen Existenz einen Sinn geben. Dieser Mann soll sie »zurechtbiegen«, er soll sie »bis in die Knochen zerstören« – und neu schöpfen. Sein Werk will sie werden.

Statt Frankreich nun Deutschland, statt Trallala nun Seele. Statt eines Liebhabers, der ganz Körper ist, nun ein Ehemann, der ganz Kopf ist. Statt einer männlichen Karriere nun ein weibliches Leben als Hausfrau und Mutter.

Die Weichen sind gestellt. Es muß nur noch der passende Zug vorbeifahren, auf den die ziellose Romy aufspringen kann.

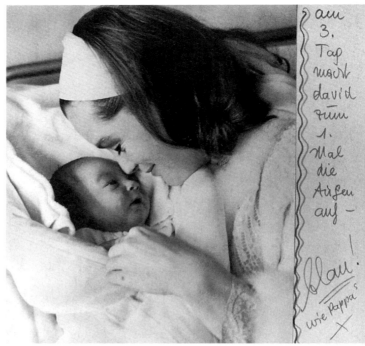

Das neue Glück: Romy mit Sohn David und Vater Harry Meyen in Berlin und Saint Tropez.
Vorseite: Das Paar kurz nach der Eheschließung 1965 in Berlin.

Oben: Romys erster Ausbruch aus dem Ehegefängnis, Ankunft zu den Dreharbeiten mit Delon für „Swimmingpool" 1968. Rechts: Romy Schneider und Harry Meyen in der Krise.

Eine neue Ära: Romy Schneider wird der Star von Claude Sautet, hier bei den Dreharbeiten zu „Die Dinge des Lebens" mit Michel Piccoli. Unten: Mit Zulawski beim Dreh von „Nachtblende". Nächste Seite: Eine Szene aus dem Film „Das Mädchen und der Kommissar".

Die reuige Rückkehr – 1965 bis 1970

2. April 1965. Hans Herbert Blatzheim eröffnet im Berliner Europacenter zehn Restaurants auf einen Schlag. Und Mutter Magda beschwatzt die Startochter erfolgreich, doch kurz von Paris rübergejettet zu kommen, damit Daddy die passende Gratiswerbung hat. Die 26jährige kommt, ganz folgsame Tochter.

Es ist Liebe auf den ersten Blick. Was sonst. Zweimal muß sie ja auch nicht hingucken: Hier geht es schließlich weniger um die Person und eher um die Projektion. Gegenstand von Romys Erlöser-Phantasien ist diesmal ein deutscher Regisseur und Schauspieler namens Harry Meyen. Kein reißender Wolf in Jeans und offenem Hemd, sondern ein Kavalier alter Schule in Anzug und Krawatte; kein Bürgerschreck, sondern ein Bourgeois; kein new boy, sondern ein old boy. Romy ist erschöpft vom Abenteuer Freiheit, sie ist auf der Suche nach Sicherheit.

Der 14 Jahre ältere Meyen ist zwar kein Weltstar wie sie, aber ein Lokalmatador. In West-Berlin gilt er als der »König des Boulevardtheaters«, und auf dem Ku'damm läuft Abend für Abend seine ausverkaufte Inszenierung »Tausend Clowns«, in der er auch die Hauptrolle mimt: lässig-elegant mit englischem Understatement, intellektuell, cool. Romy ist hingerissen. Das ist er. Den muß sie haben! Beim Dessert – das Schicksal namens Mutter Magda hat die Zukünftigen nebeneinander placiert – holt

Meyen einen zerfledderten Leserbrief aus seiner Brieftasche und überreicht ihn Romy. Die liest entzückt, wie der sie schon vor zehn Jahren entschieden verteidigt hatte, weil er immer von ihrer einmaligen Begabung überzeugt war. Schon überredet.

Am Nachmittag treffen Romy und Harry sich zu ihrem ersten Spaziergang im Grunewald, am Abend halten sie Händchen in einer Bar, und am nächsten Morgen erzählt Romy einer Freundin, wie gut sie sich verstehen, »auch im Bett«.

Es bleibt der erfrischend unsentimentalen Hildegard Knef, eine alte Meyen-Kollegin, vorbehalten, die beiden Turteltäubchen wenig später im Hotel Gerhus zu erleben. Während eines langen Abends zu viert ertönt nachts um zwei ein ärgerliches Klopfen von nebenan: Ruhestörung! Die dringt aus der Suite des Hotels Gerhus, wo Romy nach Sammy Davis »The Party is over« barfuß tanzt. Zuschauer: Hildegard Knef, deren zweiter Mann David Cameron und Harry Meyen. Die Knef erinnert sich gut an die Szene:

Die Möbel sind kerzenbeleuchtet und mit einem endlosen Spalier goldpapierumwickelter Glückskäfer besät. Sie kleben auf Telefonen, ziehen eine unübersehbare Bahn ins Schlafzimmer, liegen in seltsamen Formationen auf Bett und Nachttischen, verlaufen endlich in einer Nische, in der die sündteuren Petit-Point-Koffer säuberlich gestapelt sind. Und als die Standuhr drei schlägt, bläst Harry Meyen die Kerzen aus und ruft: »Hör auf zu trinken und stell endlich den Plattenspieler ab.« Keinen Widerspruch duldende Anweisung eines erfolgsgewohnten Regisseurs. Romy tut auf der Stelle, wie ihr geheißen. Artig-ergeben. Glücklich-entspannt. Dann legt sie sich zu seinen Füßen, läßt ihren Kopf in seinen Schoß fallen.

Das Goldkäfernest im Hotel hat seinen guten Grund. Harry Meyen ist (noch) verheiratet mit der ebenfalls in Berlin recht bekannten Schauspielerin Anneliese Römer und hat (zunächst) auch keineswegs die Absicht, sich von ihr zu trennen. Entsprechende Gerüchte dementiert er entschieden.

Nichtsdestotrotz bereitet Harry Meyen schon seinen Abgang vor, klammheimlich und konfliktscheu, wie es seine Art zu sein scheint: Er verläßt die eheliche Wohnung einfach Tag für Tag mit doppelt und dreifach übereinander gezogenen Hemden, Pullovern und Anzügen und deponiert die bei seinem Kumpel Will Tremper. Der ist ein unzimperlicher Boulevard-Journalist und eben der, der Ende '64 so hämisch über Romy im STERN geschrieben hatte. Auf diese feine englische Art hat Meyen irgendwann seine feine englische Garderobe quasi komplett draußen. Die Ehefrau stellt sich blind, sie geht wohl von einem vorübergehenden Flirt aus.

»Zuweilen«, beobachtet die Knef, »laufen Romy und Harry händchenhaltend durch den weitläufigen Park, übersehen Fotografen und Reporter, die gleich Eichhörnchen auf sämtlichen Ästen hocken, um am darauffolgenden Morgen die ehebrecherische Schmach titelblattgerecht ihren Lesern überm Frühstücksei zu servieren.«

Doch Harry dementiert weiter. Warum auch sollte er sich trennen? Die schöne und tüchtige Anneliese Römer ist seit langem nicht nur die Frau an seiner Seite, sondern auch seine Arbeitspartnerin.

Aber Romy bleibt dran. Sie hat sich den Harry nun mal in den Kopf gesetzt. Zehn Monate lang pendelt sie zwischen Paris und Berlin – und an Weihnachten 1965 hat sie die Schlacht gewonnen: Harry Meyen verläßt endgültig seine Frau und wird im Mai des darauffolgenden Jahres geschieden.

Was Romy sich einiges kosten läßt. Denn damals gilt noch das alte Scheidungsrecht, und die andere Hälfte konnte, so sie wollte, eine Trennung ganz schön lange verhindern. Anneliese Römer verlangt 200.000 DM Lösegeld für ihren Harry – und Romy Schneider zahlt. Wie immer. Spötter lästern, eher wäre der als »krankhaft geizig« bekannte Meyen bei seiner Frau geblieben – Liebe hin Liebe her –, als Geld für seine Scheidung auszugeben.

Und Romy bietet nicht nur ihr Geld, sie bietet auch sich selbst auf dem silbernen Tablett, denn sie hat schon verstanden, was ihr Harry gerne hört. »Gleichberechtigung?« erklärt sie, »alles schön und gut – wenn man kein Kerl dadurch wird. Aber eine Frau muß eine Frau bleiben. Ich würde mich aus Liebe unterordnen, mich den Anforderungen des Mannes fügen – sofern sie nicht in Tyrannei ausartet.«

Am 13. Juli 1965 geben Romy Schneider und Harry Meyen in Saint Tropez ihre Verlobung bekannt – und diesmal wird ein Jahr später sogar richtig geheiratet: am 15. Juli 1966 in Cap Ferrat. Da weiß Romy schon, daß sie schwanger ist. Sohn David wird fünf Monate später auf die Welt kommen.

»Ich lasse mich gern von meinem Mann führen«, erzählt die frischgebackene Ehefrau ungefragt nun jedem. Denn »Harry ist mir so überlegen. Er gibt mir eine ganz neue Sicherheit. Immer kontrolliert er zum Beispiel, ob ich meine Sätze richtig formuliere und nicht Leuten ständig ins Wort falle.« (Und das Romy, die mit ihrer Schreibbegabung auch Schriftstellerin hätte werden können.)

Das Ehepaar zieht in eine Vier-Zimmer-Wohnung im Grunewald. Nicht ganz standesgemäß für eine Romy Schneider, aber immerhin: nicht ohne Haushälterin. Denn Romy kann und will nicht kochen, das hat sie noch nicht einmal bei Delon getan (und dafür so manchen Hauskrach in Kauf genommen). Romy ist – wieder mal – überzeugt: »Jetzt habe ich endlich einen Mann, der mich bis ans Ende meiner Tage lieben wird.«

Das Glück scheint perfekt. Aber – wissen die beiden Verliebten eigentlich voneinander, wer sie sind?

Ahnt Romy, was alles einen Harry Meyen zu diesem beherrschten, zwanghaften und zur Überheblichkeit neigenden Charakter gemacht hat? Nämlich daß er, wie die Knef es formuliert, »ein irreparables Opfer war«. Ein Opfer, das nur mit vielen inneren Verbiegungen die Nazi-Schergen überlebt hat. Als der »Halbjude« Harry Meyen am 3. Mai 1945 von den Amerikanern aus der KZ-Nebenstelle Hamburg-Fuhlsbüttel befreit wird, ist er 21 Jahre alt. Sein Vater überlebt das KZ nicht.

Und ahnt Harry, was eine Romy Schneider zu diesem generösen und leidenschaftlichen, tyrannischen wie selbstzweifelnden, begeisterungsfähigen wie depressiven Charakter gemacht hat? – Wohl kaum. Beide spielen. Sie spielen verliebt. Sie spielen Ehe & Eltern. Sie spielen Mann & Frau. Und beide kennen ihr Repertoire.

»Ich bin immer ein Mann gewesen, der ein Ergebnis sehen will«, tönt Harry Meyen. »Das Ergebnis dieser Ehe finde ich sehr schön. Ich würde keine Frau haben wollen, die selbständig und fertig ist. Ein Chinese hat einmal gesagt: ›Ein Mann soll ein Kind zeugen, einen Baum pflanzen und ein Haus bauen.‹ Da ist was dran.«

Und Romy? Die läuft (noch) nicht schreiend weg. Die spielt mit. Sie antwortet in diesem uralten Duett: »Ehe und Mutterschaft können einen Menschen nur verbessern. Erst sie machen einen zu einer richtigen Frau. Ich schaue gerne zu einem Mann hoch. Ich bewundere Harry und halte ihn für einen glänzenden Regisseur von internationalem Format.« Romy will nun plötzlich auch keine Filme mehr machen, sondern hält jetzt, ganz wie Harry, »die Bühne für das einzig Wahre«.

Und Harry? Der glaubt das alles. Er wird immer größer – während Romy immer kleiner wird.

Doch bevor das junge Glück frontal auf die vorprogrammierte Katastrophe zusteuert, kommt noch das Kind. »Warum ein Kind?« fragt Romy sich selbst und gibt die Antwort: »Das ist ein Leben, das für mich den Frieden verkörpert, Familie, Geborgenheit...« Am 3. Dezember 1966 ist es soweit. Romy, die mit ihren intensiven Niederschriften über all diese Jahre und Jahrzehnte in Tagebüchern, Briefen oder auf Zetteln selber ihr Leben dokumentiert, schreibt nach Davids Geburt:

Die letzten Stunden vor der Geburt, wo sich in den Wehen, dem Schmerz, nur noch alles dahin bohrt, was wohl aus einem wird. Und dann, die Geburt, plötzlich wie ein Sturz, eine Explosion. Und nichts als unendliche Helle vor den Augen, in der man nicht mehr weiß: Hört sie auf... beginnt sie... war sie... Bis alles aus einem herausgeschleudert ist, man selbst gleich mit. Schmerz und Glück. Ein Kind ist da. Ein Leben. Meins jetzt: Christopher, David, Benjamin heißt er.

Anderthalb Jahre lang arbeitet Romy Schneider nicht, sie widmet sich ganz ihrer »glücklichen Familie. Jetzt wird sich alles ändern – mein Leben, wenn ich mir meiner Selbst erst sicher geworden bin.« Auf die Frage, ob sich ihr Leben verändert habe, antwortet sie: »Sagen wir es anders: Ich habe endlich eines!« Die Abende gehören David, zunächst, und das erklärte Lieblingsgericht sind Königsberger Klopse, »die ißt Harry so gern«.
Romys Lieblingssatz wird: »Harry wird das erklären.« In der Tat: Harry kann alles erklären, Erklären ist sein Liebstes. Vor allem seiner Frau erklärt er schrecklich gerne die Welt. Denn die hat das besonders nötig, sie ist bedauerlicherweise »aufgewachsen mit einer dummen Mutter, die nie Interessen in dir geweckt hat«. O-Ton Meyen. Noch findet Romy das gut. Und sie stimmt sogar zu, als ihr Mann ihr Will Tremper als »Medienberater« empfiehlt – ausgerechnet jenen Tremper, der 1964 im STERN eine so gnadenlos indiskrete Story über sie geschrieben hatte.
  Und sie scheint auch nicht alarmiert zu sein von seinen Glückspillen, den uppers and downers, die bei Meyen

überall griffbereit herumliegen. Bei Delon hatte sich Romy, die einst schon von Zitronenwasser beschwipst wurde, den Alkohol angewöhnt; nicht nur zum Essen, wie in Frankreich üblich, sondern auch darüber hinaus. Vorzugsweise Champagner und Rotwein. Mit Meyen wird sie sich die Tabletten angewöhnen, vorzugsweise Optalidon. Denn seit Jahren bekämpft der seine »Migräne«, die Schlafstörungen und Depressionen mit diesem Schmerzmittel sowie mit Dämpfern oder Aufputschmitteln. Vollgepumpt mit Tabletten pflegt Harry bis mittags unter einer schwarzen Augenmaske dahinzudämmern. Romy bleibt gleich mit im Bett. Und David? Um den kümmert sich das Kindermädchen Matti, das innerhalb der großzügigen Wohnung ein eigenes Appartement hat.

Im Februar 1967 stirbt Wolf Albach-Retty, der für Ehefrau Magda und Tochter Romy ein Leben lang nicht viel mehr gewesen war als eine ferne schöne Erscheinung. Was Romy nicht hindert, den nie gehabten Vater zuvor noch zum Großvater befördern zu wollen. Im Januar, gleich nach Davids Geburt, berichtet sie dem »liebsten Pappi« von »deinem Enkelsohn und entzückenden Hosenscheißer« und fragt kindlich-demütig: »Hab' ich das gut gemacht mit meinem Buam?«

Wenig später kommt die Nachricht vom zweiten Herzinfarkt Wolf Albach-Rettys. Romy fliegt nach Wien, eilt ans Krankenbett, erinnert sich gerührt an sein einziges (Leih-)Geschenk in ihrem Leben (das Teufelskostüm aus dem Theaterfundus) plus Pappis Zettel mit dem Allerweltsspruch in Sachen Kindheit – und zahlt nach seinem Tod die Krankenhausrechnung.

Ein Jahr später, im Mai 68, stirbt Hans Herbert Blatzheim. »Romy trägt ihren Daddy zu Grabe«, titelt die Boulevardpresse. Von wegen. Romy weigert sich, auch nur zur Beerdigung von »Herrn Blatzheim, den zweiten Mann meiner Mutter« zu fahren. Und Meyen, der Mann mit dem Sinn fürs Geld, besteht nun auf einen Kassensturz. Dabei stellt sich heraus, daß die Blatzheim-Firma Thyrsos, die Romys Gagen seit Sissi-Zeiten verwaltete, ihr noch genau 1.251.418,15 Schweizer Franken schuldet. Doch das Geld ist weg. Nur dem Druck ihrer Anwälte verdankt Romy, daß sie aus der Konkursmasse immerhin noch 750.000 Franken erhält. Zur Begleichung weiterer Blatzheim-Schulden wird sogar Mutter Magdas Schmuck gepfändet.

Romy zahlt fast immer drauf. Auch bei Harry Meyen. – Und das schon lange vor der berüchtigten 1,4-Millionen-Scheidung. Sie ist es, die die Fluchten der beiden aus dem ihr bald zu eng werdenden häuslichen Glück nach Swinging-London, Paris oder Saint Tropez finanziert – wo man den steif-deutschen Harry an ihrer Seite mit Verwunderung registriert. Er scheint so gar nicht zu Romy zu passen und kriegt kurzerhand die Spitznamen »les lunettes«, die Brille, und »le pimpf« verpaßt.

Doch Romy kehrt weiterhin in den Grunewald zurück. »Ich vermisse nichts. Überhaupt nichts«, erklärt sie, und das klingt nun schon fast beschwörend. »Ich habe jetzt neun Monate keinen Film mehr gemacht, aber ich habe dennoch nicht mehr das Gefühl der Leere wie sonst in den Drehpausen. Ich bin ruhiger geworden. Ich habe nicht mehr denselben krankhaften Ehrgeiz wie früher.

Ich kann mir sogar vorstellen, irgendwann mal mit dem Filmen aufzuhören!«

Und während Romy ihren Kinderwagen durch den Grunewald schiebt, gerät die Welt draußen ins Wanken. Die »sexuelle Revolution« schwappt bis in die deutschen Wohnzimmer: Oswalt Kolles Aufklärungsserien in Illustrierten und Filmen propagieren sexuelle Befriedigung auch für die – inzwischen mit der Anti-Baby-Pille gewappneten – Frauen. Und in Kleinanzeigen suchen »moderne Paare ebensolche«, fürs Freizeitvergnügen inklusive Partnertausch. Am Rand der beginnenden Studentenrevolte bezieht, ein paar U-Bahnstationen von Romys Kernfamilie entfernt, die »Kommune 1« ihre erste WG. (Motto: »Wer zweimal mit derselben pennt, gehört schon zum Establishment«.)

Es wird noch einige Jahre dauern, bis die Frauen begreifen, daß diese Art »sexueller Befreiung« wieder nur den Männern nutzt – und sie selber dabei auf der Strecke bleiben. Denn sie bleiben Objekt: Statt wie bisher nur dem einen zu gehören, haben sie nun allen zur Verfügung zu stehen.

Zunächst jedoch scheint es eine Zeit des Aufbruchs, des Übermuts, der neuen Freiheiten zu sein. Das muß auch Romy unruhig machen.

Am 2. Juni 1967 wird vor der Berliner Oper bei einer Demonstration gegen den Schah von Persien und sein repressives Regime der Student Benno Ohnesorg erschossen. Sein Tod wird zum Auslöser der APO (Außerparlamentarische Opposition) und Berlin zur Hochburg des Protestes. Die APO bekämpft mit Witz und Pflastersteinen alles, was Romy Schneider da gerade lebt: die bürgerliche Ehe, den privilegierten Luxus, das apolitische Privatisieren. Sehr zum Ärger von Harry Meyen, der politisch gut konservativ und mit Axel Springer befreundet ist – ausgerechnet mit dem Springer, der für die APO zum Symbol der bekämpften Klasse wird (»Enteignet Springer!«).

Und als Ostern 1968 auch noch der Schuß auf den nicht nur, aber allen voran von der Springer-Presse verteufelten Studentenführer Rudi Dutschke fällt – da wird dieses Attentat zum Fanal für die deutsche und die französische 68er Bewegung. Jetzt gehen nicht nur auf dem Ku'damm, sondern auch auf dem Boulevard Saint Germain die jungen Leute auf die Barrikaden.

Ausgerechnet in diesen bewegten Wochen, im Juni '68, ist Romy mit Harry zu Besuch bei Springers in Kampen auf Sylt, diesem Ort, den die an die Côte d'Azur Gewohnte eh haßt: »Alles ist anstrengend da!« mault Romy. »Der kilometerlange Marsch durch die Dünen! Die Schlepperei der Badesachen! Der Wind! Schwimmen kann man nicht, weil es lebensgefährlich ist! Das Wasser ist eisig! Und in jeder Welle hängt ein nackter Arsch, und aus jeder Düne hopst mir ein nackter Mensch entgegen, den ich auf keinen Fall nackt sehen will. Schrecklich!«

Und wenn es das nur wäre. Diesmal gesellt sich zur neudeutschen Lockerheit auch noch die altdeutsche Borniertheit. Wie immer wohnen Meyens im Gästehaus von Axel Springer, und da bleiben gemeinsame abendliche Kamingespräche nicht aus. Doch an diesem Abend spielt Romy Schneider plötzlich nicht mehr die charmante Gattin, sondern verläßt türschlagend die exklusive Runde.

Sie fährt noch in der Nacht mit dem Taxi ins »Miramar« nach Westerland und steigt am nächsten Morgen – ohne Mann und Sohn – in den Zug nach Berlin. Dort klingelt sie Sturm bei ihrer Freundin Christiane und ist noch Stunden später kaum zu beruhigen. Schreiend vor Empörung erzählt Romy der Freundin, was ihr in Kampen widerfahren war. Wie Meyen, der seine Frau gerne als apolitisches Dummchen behandelt, sie vor allen erniedrigt hatte:

Harry hat vor Springer und den anderen Heinis – die ich dir gar nicht erst aufzähle, Christiane, wenn du die hörst, wirst du gleich verrückt – gesagt, ich sollte über Politik den Mund halten und lieber anfangen, erst mal die Abendzeitung zu lesen, statt für Willy Brandt in der Tagesschau zu schwärmen. Und das vor allen anderen! Mir! So hingewischt, als ob das jemanden was angeht, daß ich keine Schule hab'.

Erst Stunden danach beruhigt Romy sich, kann wieder lachen und mimt für die Freundin das Strandleben bei Bune 16:

Du ahnst ja gar nicht, was die da alles zusammenreden. Das kannst du dir nicht vorstellen, weil du so was einfach noch nicht erlebt hast. Und das alles mit nacktem Hintern im Strandkorb. Aber meinen kriegen sie da nicht rein, das schwöre ich dir...

Für Harry Meyen muß Romys plötzliches Aufbegehren ein herbes Erwachen gewesen sein. Denn schließlich hatte seine Frau bis dahin alles getan, daß er sich als der Größte fühlen konnte und sie für seine ergebene Schülerin halten mußte. Und nun auf einmal wagt sie es, ihm zu widersprechen?

Irgend etwas muß der Vergötterte nicht mitbekommen haben. »Ich begann langsam, fett zu werden«, sagt Romy im Rückblick. »Mein einziger Auslauf war, mit dem Kinderwagen im Grunewald spazierenzugehen. Nach einer Weile spürte ich, daß ich mein wahres Ich unterdrückte.« – Was immer das »wahre Ich« von Romy sein mochte: Klar ist für sie jetzt, daß es so nicht weitergeht.

»Gewohnheit, Stehenbleiben, Faulheit – das ist das Schlimmste«, sagt sie in dieser Zeit in einem Gespräch mit Syberberg, der nach Davids Geburt von ihr das »Porträt eines Gesichts« dreht. Dieses Porträt wird so stark von Ehemann Meyen zensiert – ein jüdischer Witz muß raus, Romys Äußerungen über die deutsche Presse und den Ehemann werden als unpassend empfunden etc. etc. –, daß der Regisseur zuletzt entnervt seinen Namen zurückzieht.

Überhaupt gibt es fatale Parallelen in der Rolle Meyens mit der von Blatzheim. Auch der Ehemann pflegt, ganz wie einst Daddy, alle Drehbuch-Angebote vor Romy zu lesen. Und auch er weiß grundsätzlich besser, was gut für sie ist. Meyen scheint inzwischen an der einst so angehimmelten Romy nur noch herumzunörgeln. Er verachtet ihre »banalen Filmchen«, findet, daß sie aussieht »wie ein Trampel«, und verordnet ihr Diäten.

Er stand immer neben mir und sagte: Du bist zu impulsiv! Du bist zu emotional! Du machst alles falsch! Das war der Anfang vom Ende. Er wollte immer Professor Higgins sein, und ich sollte seine Fair Lady sein – damit konnte ich nicht länger leben.

Der Anruf von Alain Delon im Sommer '68 kommt also im richtigen Augenblick. Der fragt Romy, »ob ich nur noch Mann und Kinder im Kopf hätte oder an einem Film mit ihm interessiert sei...« Und ob Romy interessiert ist!
Unter den Augen der freudig erregten Presse beginnen am 12. August 1968 die Dreharbeiten zu »Swimmingpool« in Ramatuelle bei Saint Tropez. In den Hauptrollen: Alain Delon und Romy Schneider. Die Story ist banal und sehr französisch: zwei Männer, zwei Frauen, ein Toter. »Ich bin sicher, daß die APO mich nie als Sissi akzeptieren würde. Aber in Swimmingpool werden sie mich mögen, denn das ist eine sehr erotische Rolle«, sagt sie. Von Erotik jedoch keine Spur, Schneider ist nur viel im Bikini zu sehen (doch da war sie als Sissi im Korsett tausendmal erotischer). Romy, die sonst ein sehr genaues Gespür für die Qualitäten ihrer Rollen hat, liegt diesmal daneben.
Alain Delon holt Romy am Flughafen von Nizza ab, die Dreharbeiten beginnen, und alle stellen sich nur eine Frage: Wie echt sind die Küsse zwischen dem einst so heißen Liebespaar heute? Romy bleibt gelassen – und Alain sowieso. »Nichts ist kälter als eine tote Liebe«, sagt sie und ruft täglich Ehemann und Sohn an. Zum Schluß der Dreharbeiten kommt Harry sogar nach Ramatuelle, wo er den erstaunten Journalisten Statements des Stils gibt: »Romy ist für mich – und ich glaube nicht, daß ich mich da irre – eine Frau, die wirklich nur einem Mann gehören will.«

Vermutlich hatte Romy ihrem Ehemann das genauso suggeriert – und der hat es auch noch geglaubt. Doch: »Die Lust zum Flirten ist ungebrochen. Das habe ich von meinem Vater«, verkündet Romy nach den Dreharbeiten fein lächelnd. Romy Schneider hat wieder Feuer gefangen – aber noch versucht sie, die Flammen in Schach zu halten. Sie nimmt Filmangebote in England und Italien an – wo sie mal eine inzestuöse Mutter und mal eine rebellierende Arbeiterin spielt –, aber erklärt: »Ich bin am Wochenende immer bei meinem Mann und meinem Sohn, oder sie kommen dorthin, wo ich gerade drehe. Früher dachte ich, daß sich Beruf und geordnetes Privatleben nicht vereinbaren lassen. Heute weiß ich, daß das sehr wohl möglich ist. Mein Mann hat mich das gelehrt.« Und sie schränkt ein: »Aber ich will nicht zuviel arbeiten, das wäre auf die Dauer für das Privatleben nicht gut.«

Bei Harry Meyen scheint es genau umgekehrt zu sein. Da ist es für das Privatleben nicht gut, daß der einst Vielbeschäftigte zunehmend weniger arbeitet. »Harry hatte plötzlich keinen Erfolg mehr, sozusagen über Nacht«, schreibt nach dessen Tod der Theaterkritiker Curt Riess. »Eben noch hatte er volle Häuser garantiert, hatte man sich um ihn gerissen, jetzt plötzlich schien ihm nichts mehr einzufallen, was dem Publikum Spaß bereitete.« (Ob ihm da auch die Ex-Ehefrau und -Arbeitspartnerin Anneliese Römer gefehlt hat?)

Verschärfend kommt hinzu, daß der einst als Boulevard-Regisseur so Erfolgreiche sich plötzlich zu fein scheint für die leichte Muse. Als erstes kracht er bei der, von Romy vermittelten, Jedermann-Inszenierung auf den

Salzburger Festspielen ein; sodann gerät er in Berlin aus der eingefahrenen Spur und flüchtet nach Hamburg, wo er Wagners »Tannhäuser« in den Sand setzt – dabei war er für diese Inszenierung extra mit Frau und Kind an die Alster gezogen. Meyens Tablettenkonsum steigt, und Romys Alkoholkonsum nicht minder.

Je stärker sie wieder wächst, um so mehr schrumpft er. Bedingt sich das gegenseitig? Sicher, Meyens Tendenz zum Hochmut und zur Selbstüberschätzung war auch vor Romy schon unübersehbar. Aber hatte nicht auch sie ihn mit ihrer Selbstverleugnung und seiner Idealisierung so hochgepuscht, daß er letztendlich ganz den Boden unter den Füßen verlor?

Es ist die Zeit, in der Frauen anfangen, von Emanzipation zu träumen. In der APO fliegt die erste Protest-Tomate, geworfen von Genossinnen, die nicht länger für die Genossen »nur tippen, spülen und bumsen« wollen. Und Ulrike Meinhof – die bald darauf in den »bewaffneten Untergrund« abrutschen wird und deren Märtyrerleben Romy viel später so gerne im Film verkörpert hätte – schreibt in KONKRET den Schlüsselsatz: »Nicht dem permanenten Ehekrach soll das Wort geredet werden, sondern der Öffentlichkeit des Krachs.« Sie weiß, wovon sie redet.

All das kriegt Romy Schneider zu der Zeit vermutlich gar nicht direkt mit, aber es liegt in der Luft. Revolution und freie Liebe, Minirock und Hippielook. Auch Romy ist davon berauscht. Sie schafft ihre Modelle von Chanel und Saint-Laurent auf den Dachboden. Am 30. September 1968 notiert Coco Chanels einst beste Kundin in ihr Tagebuch:

Romy mit ihrem geliebten Sohn David, den die Einsame zu ihrem Gefährten und Vertrauten macht.

Oben: Romy Schneider in
„Le train" als Anna Kupfer
(mit Jean Louis Trintignan).
Rechts: Die Vergewaltigungs-
szene aus „Das alte Gewehr",
die sie so realistisch spielte.

Ein neues Glück: Romy Schneider heiratet am 18. Dezember 1975 Daniel Biasini.
Auf der nächsten Seite: Romy mit ihrer Freundin Christiane Höllger 1976 in Berlin.

Von Kleidern fühle ich mich überhaupt nicht mehr abhängig. Ich käme gar nicht mehr auf die Idee, so wie früher von einem Couturier zum anderen zu rasen. Außerdem finde ich, daß die Zeit, wo man angezogen sein mußte, vorbei ist. Heute kann man alles tragen, wenn es zu einem paßt. Ich mag keine Kostüme mehr und überhaupt nichts, was umständlich anzuziehen ist. Man sieht mich nur noch in Kleidern oder Hosen-Ensembles. Bei vielen Knöpfen werde ich nervös. Das Wichtigste ist: Die Sachen müssen sitzen und praktisch sein.

Auch beruflich interessiert sie die neue Zeit. Doch der deutsche Film scheint seiner Ex-Sissi nichts bieten zu können, auch die damals sogenannten »deutschen Jungfilmer« und die kopflastige »Nouvel Vague« kommen für sie nicht in Frage. Diese Schauspielerin braucht Regisseure, die Geschichten erzählen können, und ein Fassbinder oder Schlöndorff tauchen erst später auf.

»Aus den Filmen von Godard gehe ich meistens raus«, sagt sie in einem Interview. »Die begreife ich nicht. Da können Sie ruhig sagen, ich bin dumm. Richtig ist, daß ich unpolitisch und nicht intellektuell denke. Aber mit Dilettanten wie Schamoni und Kluge würde ich nie zusammenarbeiten. Dem Alexander Kluge würde ich nicht Regisseur in den Reisepaß schreiben, sondern nur Monteur.« (Auf deutsch: Cutter)

Später, in den 70ern, würde sie gerne mit Rainer Maria Fassbinder drehen, und auch er interessiert sich für sie. Doch daraus wird (leider) nichts.

Im Frühling 1969 trifft Romy Schneider in Paris erstmals den Regisseur, der diesen neuen Zeitgeist zusammen mit ihr in eine Serie von Filmen umsetzen und mit dem sie, nach dem Sissi-Rausch der 50er Jahre, ihren zweiten großen Triumph in den 70ern begründen wird: Claude Sautet. Doch Sautet gehört eigentlich schon in die Nach-Meyen-Ära, auch wenn Romy und Harry formal erst im Juni 1975 voneinander geschieden werden.

Nun, nach ein paar Jahren klassisch weiblicher Doppelbelastung (trotz Personal) erkennt Romy: »Am Anfang meiner Ehe dachte ich, daß ich dem Beruf und der Ehe gerecht werden könnte. Inzwischen weiß ich, das ist unmöglich. Und das ergibt natürlich Spannungen – was für beide nicht immer einfach ist.«

Daß die Liebe schon Jahre vor der Scheidung tot ist, dokumentiert eine Szene an Weihnachten 1971, die mal wieder die Knef miterlebt hat. Auch sie wohnt in dieser Zeit, zusammen mit ihrem Mann David Cameron und Tochter Christina, in Hamburg, gleich neben Meyens. Ausgerechnet am Nachmittag des Heiligen Abends klingelt das Telefon und reißt die Knef abrupt aus ihren so friedlichen Tätigkeiten wie Baumschmücken und Schleifenbinden. Dran ist Romy und fragt an, ob sie abends bei ihr den »Peer Gynt« in der Inszenierung des Schaubühnen-Regisseurs Peter Stein sehen könne, ihr Fernseher sei gerade kaputtgegangen.

Knef-Idylle ade. Die Szene, die die Kollegin an diesem Abend liefert, sagt nicht nur viel über den Zustand von Romys Ehe aus, sondern auch über ihren Charakter: über die tyrannische Seite, die die so unsichere Romy durchaus auch haben kann, beides Seiten ein und derselben Medaille. Hildegard Knef erinnert sich, wie es ihre Art ist, lebhaft:

Nach unnotwendig heftigem Klingeln stürmte Romy mit weit ausholendem, fast stampfendem Schritt die ebenerdige Diele gleich einem erzürnten General, der eine hoffnungslos untaugliche Kompanie anführt. Meine ausgestreckte Rechte übersehend, hastete sie ins kerzenbeleuchtete Wohnzimmer, ließ sich im Schneidersitz zu Boden fallen. Lippen verkniffen, Augenlider gesenkt. Sie trug einen sündteuren schwarzen Hosenanzug, keinerlei Schmuck, ungeschminkt-glänzend das beängstigende Weiß ihres Gesichts, Haare, wie mit Fingern aus der Stirn geschoben. So saß sie, streitsüchtig, verkrampft, in sich gekehrt-bissig, die kräftigen Hände zu Fäusten geballt. Harry schlenderte betont locker hintennach.

Es bedurfte keiner überwältigenden Menschenkenntnis, um wahrzunehmen, daß zwischen Romy und Harry ein handfester Krach stattgefunden hatte. Gletscherkälte machte sich eilends breit.

›Möchtest du einen Whisky?‹ fragte ich beinahe kleinlaut, als fürchte ich, eine gefährdete Schlafwandlerin zu wecken. Kopfschütteln. ›Einen Wodka vielleicht? Oder einen Cognac?‹ Ich sah mich plötzlich als geschwätzige Verkäuferin von Spirituosen. Im gleichen Augenblick hörte ich meine Tochter rufen. Aufatmend rannte ich aus dem Raum, blieb einige Zeit bei ihr, hielt ihre warme weiche Hand.

Als ich, nunmehr entspannter, das Wohnimmer wieder betrat, fand ich die Gruppe in gleicher – an altmodische Fotos gemahnender – Stellung vor, wie ich sie verlassen:

Romy am Boden hockend, mein Mann mit weit ausgestreckten Beinen auf einem Sessel lagernd, Harry mit aufgestütztem Kopf auf dem Sofa liegend.

Während der Sprecher ›Peer Gynt‹ ansagte, fragte ich Romy: ›Vielleicht einen guten Chablis?‹ Zum erstenmal sah sie auf. Ihr Gesicht gläsern, die Katzenaugen grünlich schimmernd, gemahnte sie trotz lockerer Haltung an einen sprungbereit beutesuchenden Leoparden. Sie nickte kaum merklich, murmelte: ›Ja, bitte‹, deutete unmißverständlich mit ausgestrecktem Arm, daß ich störenderweise die Sicht zum Fernseher verdeckte.

Ich trabte in die Küche, suchte, entkorkte, brachte Flasche plus Glas, gleichzeitig begann erlösenderweise das Schauspiel. Harry zündete eine Zigarette an, Romy griff in ihre Jackentasche, förderte eine Gauloise zutage. Harry schnellte augenblicklich auf, um sie anzuzünden. Romy jedoch übersah das brennende Feuerzeug, fischte nach eigenem. Mit einem Seufzer fiel Harry in seine frühere Stellung zurück.

So saßen, lagen, hockten wir, starrten mehr oder weniger beeindruckt auf den Bildschirm, ohne – während des stundenlangen Werks – ein Wort auszutauschen. Harry warf Eiswürfel in sein Whiskyglas, was ihm Romys leis-zischiges: ›Ruhe, verdammt noch mal‹ eintrug.

Sobald Bruno Ganz auf dem Bildschirm erschien, rutschte sie zentimeterweise auf den Fernseher zu. Sie trank beinahe gierig aus der Weinflasche, als sei es Coca-Cola, schubberte näher und näher, schien sich in des Schauspielers Gesicht aufzulösen. Flasche in der Rechten, Zigarette in der Linken, Lippen geöffnet, begannen ihre Augen zu irrlichtern, Hände vibrierten, mehr und mehr versank sie tranceähnlich in eine Welt, in der wir nichts zu suchen hatten und deren Zugang unerlaubt war. Einmal warf sie den Kopf heftig zurück, flüsterte, Augen sekundenlang geschlossen: ›Merveilleux.‹

Während Harrys Gesicht zu schrumpfen schien, weitete sich ihres aus: großflächig-straff mit leicht bebenden Lippen, als wolle sie den Text mitsprechen. Allzu offensichtlich und übertölpelt verliebte sie sich in der ihr eigenen Vehemenz in eben jenen Peer Gynt-Bruno Ganz.

Fast überflüssig zu sagen, daß Romy Schneider wenig später ein Verhältnis mit (dem verheirateten) Bruno Ganz anfangen wird. (Auch Meyen hat inzwischen längst Verhältnisse.) Dieser Bruno Ganz ist, mal wieder, genau das Gegenteil seines Vorgängers: Er ist – im krassen Gegensatz zu dem konservativen, bürgerlichen, geschwätzigen Boulevard-Regisseur – der linke, antibürgerliche, sprachlose Charakterdarsteller.

Romy zieht aus ihrem Innenarchitekten-Interieur zeitweise sogar in die Berliner Bude des »Schaubühnen«-Darstellers. Sie fällt mal wieder von einem Exzeß in den anderen, verfällt begierig ganz dem, was ihr fünf Jahre lang so gefehlt hatte. Doch nimmt sie diesen Bruno Ganz überhaupt wahr jenseits der bewunderten Rollen? Und sieht der Romy Schneider auch jenseits des Klischees?

Die Affäre ist kurz, aber leidenschaftlich – und Romy in Wahrheit schon auf dem Absprung nach Frankreich. Jetzt träumt sie von einem Haus in Paris. Und sie erwähnt Meyen in diesem Zusammenhang nur noch der Form halber – in Wahrheit scheint sie diesen Traum zum erstenmal von einer Zukunft ohne Mann zu träumen, alleine für sich und ihren Sohn. Im Februar 1969 notiert sie während Dreharbeiten in Paris: »Was ich nie gehabt habe: ein Haus, das ein Heim ist. Das ist ein Traum, den ich mir bald erfüllen werde.«

Der zweite Triumph – 1970 bis 1974

11. Mai 1970. Das hat man selbst bei den Filmfestspielen von Cannes selten erlebt. Die CRS, eine Polizeisondereinheit in schwarzen Uniformen und Plastikhelmen, kämpfen mühsam den Weg frei für den schwarzen Cadillac; rund 300 Fotografen stürzen sich auf den Star, der lächelnd die Treppe hinaufschreitet, gewandet in eine nachtblaue, gewagte Création von Yves Saint-Laurent und flankiert von zwei Herren – Harry Meyen und Michel Piccoli. Tosender Applaus und Zurufe: »Bravo!« und »Qu'elle est belle«.

Ausgelöst hat Romy Schneider diese Begeisterung durch ihre Rolle der Geliebten von Piccoli in »Les choses de la vie« (Die Dinge des Lebens) unter der Regie von Claude Sautet. In dem Film geht es, wie in 99 Prozent aller französischen Filme, um einen Mann zwischen zwei Frauen (oder eine Frau zwischen zwei Männern oder zwei Männer und zwei Frauen).

In dieser Zeit schlagen im ganzen Land die sozialen und politischen Wellen hoch. Der 68er Protest hat die Mißstände der verkrusteten, hierarchischen Gesellschaft bloßgelegt. Die ideologische Kritik der Studentenbewegung schließt sich kurz mit den ökonomischen Forderungen der in Frankreich traditionell starken Arbeiterbewegung. Hinzu stößt die aufbrechende, selbstbewußt und spektakulär auftretende Frauenbewegung.

Streiks und Demonstrationen, »vom Volk« besetzte Theater und Fabriken, aus den Chefsesseln gejagte Intendanten und Patrone, in Frage gestellte Machos. Von alldem jedoch ist in Sautets Filmen nichts zu spüren. Seine »Dinge des Lebens« sind die Wirren der Liebe und ein plötzlicher Tod. Ergreifend und verführerisch entfaltet der Film das, was wenig später die »neue Innerlichkeit« und die »neue Weiblichkeit« genannt werden wird, verkörpert von einer zeitlos schönen, tiefgründigen Romy. Der geht es, bei aller Gelassenheit dieser anscheinend modernen Frau, im ganzen Film vor allem um eines: um den geliebten Mann.

Sautet wird in den folgenden Jahren insgesamt fünf Filme mit Schneider drehen, darunter 1972 »César und Rosalie« (mit Yves Montand und Sami Frey) und »Eine einfache Geschichte« (für die sie den »César« bekommt). Es sind diese Filme, die – nach ihrem ersten Sissi-Ruhm – Schneiders zweiten Ruhm begründen und sie in Frankreich zum größten Star dieser Epoche machen. Dieser zweite Ruhm hat nichts mehr zu tun mit dem mädchenhaften, unschuldigen Sissi-Charme von einst, fußt aber auf einem Mythos wie der erste: Er gilt der wissenden, reifen, der starken und gebrochenen Frau zugleich.

»Sie hat den Typ einer erschütternden und zwiespältigen Frau geschaffen, die enthusiastisch und glühend, aber auf jeden Fall sehr lebendig ist. Sie ist vor allem ganz Frau.« (CINÉMA FRANÇAIS) »Sie ist eine absolute Schönheit und zudem eine große Schauspielerin.« (L'EXPRESS) »Alle großen amerikanischen Regisseure setzen in Zukunft anstatt auf Jeanne Moreau oder Simone Signoret auf Romy Schneider.« (PARIS PRESSE) »40 Jahre nach Greta und Marlene, 15 Jahre nach Marilyn hat die Leinwand wieder einen großen Star.« (PARIS MATCH)

In den darauffolgenden Jahren spielt Romy Schneider, dieses »größte Geschenk Deutschlands seit Marlene Dietrich«, in allen Filmen von Sautet diesen einen Frauentyp: irgendwie modern, immer ein bißchen berufstätig, vor allem aber die ganz große Liebende und »ganz Frau«. Oder aber sie spielt (bei anderen Regisseuren) Frauen, die ganz Opfer sind. Und sie tut das immer in der ihr eigenen leidenschaftlichen, distanzlosen Art und Weise. So, wenn sie zum Beispiel die deutsche Jüdin auf der Flucht, Anna Kupfer, in »Le train« (Nur ein Hauch von Glück) spielt; oder die von der SS vergewaltigte und ermordete Französin Clara in »Das alte Gewehr«; oder Heinrich Bölls von einem russischen Kriegsgefangenen schwangere Leni in »Gruppenbild mit Dame«.

Dabei spielt die Tatsache, daß Romy Deutsche ist, bei der Faszination des französischen Publikums für »la Schneider« eine entscheidende Rolle. Denn so perfekt sie auch Französisch spricht, den ganz leichten Akzent verliert sie nie. Vor allem aber ist sie für die Franzosen die Verkörperung der deutschen Seele, bzw. dessen, was man sich jenseits des Rheins darunter vorstellt: es ist das Schwermütige, Tiefgründige, Abgründige in ihrem Blick, ihrem Lächeln, ihrem Tonfall. Diese Mischung, kombiniert mit Pariser Raffinesse und Feminität, bringt nicht nur den französischen Mann zum Träumen.

Spielt Romy dann auch noch in einem Film, in dem die deutsche Schuld thematisiert wird, liefert sie unseren erschaudernden Nachbarn alles, was die so hassen und lieben zugleich. Denn die französischen Gefühle zu Deutschland sind geprägt von Haßliebe.

»Ich habe nie einen wirklich großen Film gemacht«, wird Romy Schneider Jahre später sagen – und sie hat recht damit. Zwar erhält sie in Paris zweimal den »César« (dem Oscar vergleichbar), aber sie hat das Pech, in einer Zeit in Frankreich Star zu sein, in der das gehobene Trallala tonangebend ist. Und: Als Schauspielerin interessiert sie vor allem Regisseure, die Romy Schneider mit Vorliebe zur Verkörperung ihrer Phantasmen einsetzen.

Es gibt Stars, deren androgyne Ausstrahlung Männer wie Frauen erotisch anzieht. Hildegard Knef, Marlene Dietrich oder Greta Garbo sind solche Stars. Bei Romy Schneider ist das anders. Sie ist die Verkörperung männlicher Phantasien – Frauen haben eine eher identifikatorische Beziehung zu ihr (Die ist wie ich).

Romy Schneider ist also das, was man in Frankreich »une femme à l'homme« nennt, eine Frau für Männer. Als solche macht sie in diesen 70er Jahren eine zweite kometenhafte Karriere, bleibt aber künstlerisch ähnlich begrenzt wie in der Sissi-Zeit. Sie spürt das, kommt aber auch diesmal nicht raus aus ihrer Rolle. Im Film nicht wie im Leben.

Bei der Betrachtung ihrer Filme aus den 70er Jahren stellt sich auch die Frage, wie weit bei der Festlegung von Romy Schneider auf den Frauentyp »Heilige und Hure« der Umstand eine Rolle spielt, daß Romy Schneider häufig auch sexuelle Beziehungen zu ihren Arbeitspartnern hat, zu Regisseuren wie Schauspielern.

So schwärmt ihr Lieblingsregisseur Sautet nicht zufällig in den ersten Jahren über sie: »Wenn ich mit ihr drehe, fühle ich eine Art Kraft, eine Wärme, einen Appetit auf Leben. Und das kommt dem Film und ihren Partnern zugute.« Und er charakterisiert die Schauspielerin und Frau in einem Atemzug: »Sie ist eine Mischung aus tödlichem Charme und tugendhafter Reinheit. Sie besitzt eine animalische Lebendigkeit und Ausdrucksfähigkeit: von männlicher Aggressivität bis zu weiblicher Sanftmut. Sie ist leicht wie ein Allegro von Mozart und gleichzeitig körperlich und sinnlich. Sie ist gleichzeitig strahlend selbstsicher und voll innerer Zweifel, eine Künstlerin, die schon alles wußte, es aber nicht hatte ausdrücken können.«

Sautet sagt das Anfang der 70er Jahre. Da hat Romy Schneider mit dem (verheirateten) Regisseur mehr als eine Arbeitsbeziehung. Und es ist wohl dieser Symbiose zu verdanken, daß ihre Filme mit ihm besonders intensiv werden. Denn Romy arbeitet daran nicht nur als Schauspielerin mit, sondern prägt auch von Anfang an die Drehbücher (was sich allerdings nie im Abspann niederschlägt). An ihre ferne Berliner Freundin Christiane schreibt sie in der Zeit:

Heute mit Claude am Drehbuch gearbeitet. Man darf richtig mitschöpfen. Gleichberechtigt, das bin ich mit ihm. Schon in der Vorarbeit fließt jede Geste von mir, jede Stimmung mit ein. Ganz ineinander verflochten sind wir. Selbst im Tiefschlaf weiß ich, es ist er, der neben mir liegt, ruhig, traumlos, schlafe ich daneben. – Nie gekannt so was in der Arbeit. Überglücklich.

Und sie fügt hinzu, daß Sautet am Ende der Dreharbeiten zu ihr sagt: »Du wirst immer eine Herausforderung für mich bleiben, Romy. Wir sind kein Ende, du und ich. Wir sind Neuanfang.« – »Ja, ja, das stimmt«, kommentiert Romy, »und das wird auch so bleiben.« Überglücklich.

Zehn Jahre lang, von 1969 bis 1978, arbeiten Sautet und Schneider erfolgreich zusammen, doch ihre Beziehung ist zeitlich und sozial begrenzt – und Romy scheint das zu akzeptieren. Zunächst. Tapfer schreibt sie der Freundin: »Ehrensache, daß ich ihn bei seiner Familie auf dem Land nicht anrufe.« Bittere Ehrensache. Denn nur wenig später schreibt Romy der fernen Freundin über ihre Verzweiflung:

Warum, warum mein Gott, warum mußte ich so weinen? Wie noch nie. Es schüttelte mich. Vor Angst konnte ich nicht mehr aufstehen, war vor dem einzigen Haus in Claudes Straße auf dem Bürgersteig zusammengerutscht, vor Weinen, an der Hauswand, in der hellen, viel zu hellen Abendsonne, ausgerechnet vor Claudes Haus, und hatte nichts weiter als entsetzliche Angst, daß, wenn die Sonne gleich verschwindet, ich da sitzen bleiben muß, im Dunkeln. Daß das mein Leben ist ... Das Allerschlimmste: Ich sah mich selbst da sitzen, im Dunkeln, jämmerlich getroffen. Und wie die Leute gucken ... une artiste.

Une Artiste. Eine Künstlerin. Sautets Filme profitieren von der Entwurzelung, Leidenschaft und Distanzlosigkeit Romy Schneiders, doch sie selbst bleibt dabei auf der

Strecke. »Dieser Beruf ist gefährlich für jemanden wie mich. Voll äußerlicher Reize, man gaukelt schnell auf eingebildeten Höhen herum, läuft vor sich weg und verlernt, in sich zu gucken«, sagt sie 1973. Und im selben Jahr über die so unvorsichtig und so hoffnungslos liebende Anna Kupfer: »Anna setzte alles aufs Spiel. Das kommt meinem eigenen Gefühl sehr nahe. Vom Charakter her bin ich jemand, der viel riskiert. Für mich gilt im Leben wie im Film die Devise: Alles oder nichts.«

Alles oder nichts. Die lebensferne Pathetik dieser Haltung raubt Romy Schneider immer wieder Sinn und Verstand. Die im Film unentbehrliche Dramatisierung überträgt sie lebenslang ungefiltert auf ihr Leben – und verhindert dadurch einen minimalen Selbstschutz und den so lebensnotwendigen Abstand zu sich selbst.

Auch Andrzej Zulawski, der mit Romy Schneider 1974 die »Nachtblende«, einer ihrer stärksten Filme, dreht, bekannte nach ihrem Tod: »Ich habe sie benutzt, wie wir sie alle benutzt haben. Ich wählte Romy Schneider nicht nur wegen ihres Talents aus, sondern auch wegen der Affinität zwischen der Schauspielerin und der von ihr zu verkörpernden Figur. Denn zwischen ihr und der Person, die sie spielt, herrschte immer eine tiefe Übereinstimmung.« Und über die Rolle, die Romy in seinem Film spielt – die einer gescheiterten Schauspielerin, die sich mit Pornos über Wasser hält –, sagt der Regisseur: »Die Gestalt der Nadine ist sehr schwierig, sehr empfindsam, ergreifend und zugleich doch sehr stark. Sie hat eine mißtrauische, verwundbare Seite, die äußerst heftig in Erscheinung treten kann. Romy spielt sie ganz unverblümt und entblößt.«

Leben ist Film, und Film ist Leben. Für Romy. »Schon wenn geprobt wurde, begann sie zu spielen, total«, sagt Claude Sautet, »als wäre es ihr eigenes Leben.« Kein Wunder, daß sie so ein entsetzliches Lampenfieber hatte. Es war ja jedesmal ernst. Es ging jedesmal um alles – oder nichts.

Einer Freundin hat Romy einmal anvertraut, ihr Vater hätte unter demselben »krankhaften Lampenfieber« gelitten wie sie – und sie sei überzeugt davon, daß er letztendlich daran gestorben sei. Auch diese Angst bekämpfte Romy Schneider seit den 60er Jahren mit Alkohol und Tabletten – und in den 70er Jahren mit noch mehr Alkohol und noch mehr Tabletten.

Nach Romys Tod wissen sie alle Bescheid, auch Claude Sautet. »Für mich ist Romy unersetzlich«, sagt er und redet jetzt ganz offen: »Sie hatte große Angst, dem, was sie erreichen wollte, gerecht zu werden. Mit der Zeit ist sie immer schwermütiger geworden. Sie verlangte zuviel. Man mußte sich stundenlang um sie kümmern. Sobald man abgelenkt war, wurde sie traurig und trübsinnig. Sie war sehr schüchtern. Mehrmals habe ich sie gefragt: Warum spielst du nicht wieder Theater? Sie traute sich nicht. Sie hatte Angst vor den vielen Menschen. Sie trank recht viel am Abend nach dem Drehen. Für sie war das die einzige Möglichkeit, ihre ständige Angst auszuschalten. Ab den ›Dingen des Lebens‹ wurde ihr Privatleben dann recht schwierig und stürmisch. In ihrem Bedürfnis nach Ausschließlichkeit hat sie häufig die Männer gewechselt. Sie verlor schnell die Selbstsicherheit. Sie war sehr eifersüchtig. Sie hatte immer

Angst. Für einen Partner, der mit ihr lebte, muß das recht schwierig gewesen sein.«

Ja, das mußte es wohl. Vielleicht hat Sautet auch deshalb zwar mit ihr gearbeitet, aber nie mit ihr gelebt.

Romy Schneider scheint ab Anfang Dreißig in den für Depressive so typischen Rhythmus von Tiefs und Höhenflügen geglitten zu sein. Auf so einem Höhenflug muß sie gewesen sein, als sie im Sommer 1971 den deutschen Schnulzen-Produzenten Waldleitner in dem mondänen Pariser Hotel Plaza Athenee trifft. Noch in derselben Nacht beschreibt sie ihrer Freundin Christiane die Begegnung:

Mit Lucky Waldleitner im »Plaza Athenee« gesessen. Deutsch-französisch coproduzieren möchte er. Der Erste sein natürlich. Er ist ganz der Alte geblieben. Ich, für diesen Idioten, extra schön angezogen. Tiefster Ausschnitt, rabenschwarz.

Jetzt, wo ich zu Hause das niederkritzeln muß, muß!, nachdem ich ihn los bin, habe ich die Fenster aufgerissen, damit ich Luft krieg'... Der entblödete sich doch nicht, gleich aufzutischen, daß mich jetzt auch die seriösen deutschen Zeitungen eine gute Schauspielerin nennen. Wörtlich. Romüchen, sie nennen dich eine gute Schauspielerin, einen französischen Leckerbissen...

Mich kriegst du nicht, dachte ich, mit deinem Tralalie, tralala, während er weiter sang, wie früh er's schon immer gewußt hätt': daß ich eine kleine Persönlichkeit wär', was man ja nicht immer von Mädchen in dem Alter sagen könnt', auch wenn sie Talent haben, Romüchen...

»*Ich bin keine schluchzende Geige mehr, die hier vor dir sitzt, Lucky, kein österreichischer Schmarren, den man einfach verschlingt...*«

»Romy, Romy-Kind«, stotterte er, aufgeregt (geradezu Wärme versprühte der Puderblasse in seinem Wamserl auf dem Gemälde über ihm), mit einem Blick, in dem die Augen ja doch nur wie rundes Metall drinsitzen können: Geld, Geld, Geld... sonst nix. »Nimm's einem alten Mann nicht übel, du kennst mich doch, wenn er halt nicht die richtigen Worte für die findet, die aus dem Herzen sind. Aber Schmarren, Kind, warst du nie.« Geschluchze. Papperlapapp. »Romy, deine Enkel werden dich noch lieben, glaub's dem alten Lucky. In 50 Jahren wird ihnen noch das Herzerl klopfen, wenn sie dich auf der Leinwand anschauen werden. Als Sissi bist du einmalig gewesen, unübertrefflich, mit einem Charme, den'd nie wiederfindst...«

Das war's dann auch. »Fuck off«, schrie ich. Es ging nicht mehr. »Ersauft mit eurem Romiichen. Fuck yourself mit Zitterspiel.« Und schrie weiter: »Merk dir, nicht mal als Alge der Erinnerung werd' ich auf dem Grund eurer Donau liegen. Selbst da, wo sie am tiefsten ist, werd' ich noch einen Stein drauftun, bis sie keinen Zipfel mehr von mir finden, eure Scheißenkel. Also begrabt mich lieber gleich, da unten. Auslamentiert hat es sich, Lucky... Lamento... Gottesgeschenk, kleine Persönlichkeit, eure Leidenschaft war ich nie... Nie...«

Dieses Schwein, so mit mir zu reden, als ob ich ein Oldtimer bin, als ob ich in den ganzen zehn Jahren hier nix bewiesen hätt'. Daß ich gut gearbeitet habe, daß dieser

Schmarren nicht mehr zählt, daß ich diese Scheiße nicht bin, die sich weiß Gott erledigt hat. Er sah mich mit einem Mal so unbeweglich an, sagte nichts, nur der Schnurrbart, die schwarzen Büschel rechts und links zitterten. Irgendwas müssen sie irgendwann mal an mir gemocht haben, dachte ich, wie er so schaute. Laut sagte ich:»Ihr entziffert mich nicht! Nicht mehr. Das tue ich, und zwar so, wie ich es will!!!«

Sagte ihm, daß die Zeiten vorbei sind, wo er mir irgendein Drehbuch einfach über den Tisch langt, auf seiner bayerischen Veranda. Deshalb sollte er auch das, was da auf dem Stuhl neben ihm liegt, gleich wieder einpacken. An meinen Agenten schicken, der die Vorauswahl trifft, bis ich überhaupt nur eine einzige Zeile lese... Neue Melodie für seine Ohren, vom Romy-Kind. Schön! Sehr schön! Mein Ausschnitt war zu tief gerutscht.»Und vergiß nicht, Lucky«, sagte ich,»wenn es an dein Geld geht, daß ich jetzt meine Partner wähle, egal, wie teuer sie sind. Kein Regisseur, kein Produzent redet da mehr mit.«

Er ekelte mich, daß mein Fleisch auf der Gabel blieb, wie er da so vor mir saß.»Meinst du wirklich, ich kenn' euch nicht. Dich. Jedes Wort auswendig von euch, aus euren Köpfen... was ihr redet, denkt, über mich. Gut soll sie ja sein, in Paris. So klingt das doch? Oder nicht? Modern ist sie eben. Und ob sie dem Piccoli in der Badezimmer-Szene echt an den Schwanz gegangen ist? Sicherlich...«

Endlich!!! Sein Gesicht verfärbt sich, die Augen müssen nachgeben, verdunkeln sich, ausgelöscht, du fleischiges Wassergeschöpf... Euch brauch' ich nicht! Und

Ehemänner erst recht nicht. Euer Gesäusel von der ach so tollen Schauspielerin, wenn ihr gleich nach der Arbeit heim zu euren Mamis geht, euch nicht mal ans Telefon getraut, den Anrufbeantworter schickt. Auch keine alten Märchen mehr vom Eheglück, die schon ganz und gar nicht. »*Es gibt keinen Schritt mehr zurück, Lucky. Männer tun das ja auch nicht. Das kennen die gar nicht!!!*«

Er versuchte auf seine Schuhe zu starren, die superpolierten. Jeder Stein ist wärmer als du, auf den du trittst. Auf die Schuhe sehen, und sonst nichts! Du beschissener Fels, dachte ich, wie du da vor einem sitzt.

Riet ihm, bevor ich endlich ging, sich den Geschmack eurer alten Zeiten aus den engen Gehirnwindungen zu ziehen, falls er da überhaupt je gesessen hat, und nicht gleich im Arsch. »*Weil ihr mit dem alten Zeug einpacken könnt, und die Jungen zum Glück einen Lachkrampf kriegen, wenn sie den Scheißdreck sehen.*« *Picknicker Füße... Picknickt mit Sissi auf einem kahlen Felsen, bis ihr zahnlos seid!!! Picknicker Füße, mit denen ihr nicht weit gekommen seid. Auf dem Fleck geblieben, polierte Schuhe, als Gemütsverfassung.* »*Fahr heim, setz dich ins Dunkle, in dein bayerisches Kino, sieh dir an, was da oben auf der Leinwand heute zählt, bis dir rabenschwarz wird, meinetwegen, mit dem französischen Leckerbissen. Falls du überhaupt noch einen hochkriegst, Lucky.*«

Wie wär's denn mal mit ein bißchen Geschrei gewesen, mal sagen, was ihr denkt? Nur ein kleines bißchen? Nur ein bißchen Wahrheit? Aber kein Schmalz. Nicht euer

Gebiet, mal ein richtiges Geschrei. Vom Schreien versteht ihr nichts, habt ihr nie...
Könnte gleich noch mal losgehen. Herrlich! Wie der Emporer of Ice-Cream fühle ich mich, der seine blaue Gitarre schlägt. Und, wenn ich nur ein verschwommener Klecks über dem Walde bin, bin ich noch schöner als ihr. Atme tief tief am offenen Fenster... Schönes Ding! Der Himmel! Etwas hat sich bewegt, dies und das... das und dies... Schön, wenn man nicht mehr weiß, was sich bewegt, weil es keinen Schmerz mehr gibt...

Picknicker Füße... So komisch konnte Romy auch sein. Wie schade, daß sie nie eine wirkliche Komödie gedreht hat! Als sie 1971 dem Waldleitner ihren Ekel über die Daddys jeder Couleur und deren Sissis aller Epochen um die Ohren haut, da erhält sie, 15 Jahre nach dem Sissi-Rausch, tatsächlich immer noch Tag für Tag Fanbriefe für ihre Rolle als süße Kaiserin. Zu ihrer Fassungslosigkeit.

Ich kann mir das beim besten Willen nicht erklären – vielleicht, weil immer wieder Weihnachten ist... Neulich sind wir mit einem älteren Chauffeur gefahren, der sagte auch: »Ich habe da kürzlich die Sissi gesehen, das waren doch noch Filme damals, der ganze Scheiß, den es heute gibt, das ist doch nichts mehr.« Ich hänge mich deshalb heute nacht nicht auf, aber es macht mich traurig. Sicher hängt es damit zusammen, daß die Leute sauer sind, daß ich Deutschland abtrünnig geworden bin. Wahrscheinlich hätte ich die alte, klapprige Sissi weiterspielen sollen, bis ich 35 bin!

Mit 33 spielt sie, in einer Nebenrolle, die Sissi noch einmal: melancholisch, getrieben, hoheitlich. Überwältigend. Es ist ihre endgültige Austreibung der süßen Kind-Kaiserin, die sie so lange verfolgt hatte. Das wird endlich auch in Deutschland wahrgenommen. Die SÜDDEUTSCHE ZEITUNG schreibt: »Wenn sie hysterisch auflacht oder sich in ihrem Gesicht Bitterkeit und Lust zu einer fröhlichen Bosheit paaren, dann bricht der Film regelrecht auf, dann öffnet sich etwas, was zugleich Passion und Professionalität, Können und Individualität ist, sichtbar, erfahrbar, durchschaubar. Ein Sieg Romy Schneiders, der nicht genug bewundert werden kann.«

Luchino Visconti, der homosexuelle Regisseur mit der ambivalenten Faszination für Romy Schneider, läßt Sissi in seinem Film eine (historisch ungesicherte) Liebesbeziehung zu dem ebenfalls homosexuellen Ludwig II. von Bayern haben, gespielt von dem Visconti-Gefährten Helmut Berger. Die obsessive Projektion des Regisseurs auf seine Darstellerin ist in diesem Fall unübersehbar.

Inzwischen spielt Romy die Sünderin nicht mehr nur im Film, sondern längst auch im Leben. »Die Presse hat aufgehört, ihre Liebhaber zu zählen«, spottet der STERN. Und das HAMBURGER ABENDBLATT titelt apropos ihres neuen Films anzüglich: »Oh, Sissi, wie tief bist du gesunken.« Dabei wird der größte Skandal (noch) unter der Decke gehalten: Romy hat nicht nur mit Männern sexuelle Verhältnisse, sondern auch mit Frauen.

Von ihrer heimlichen Beziehung mit Simone Signoret, die Romy sehr bewunderte, hat sie mir in der Dezembernacht in Köln erzählt. Nur das erklärt übrigens Romys eisernen Widerstand gegen die Verführungskünste von Signorets Ehemann Yves Montand während der Dreharbeiten zu »César und Rosalie«. Und die anderen? Gesprochen hat Romy Schneider kaum über sie.

Seit wann hat Romy – die sich in erotischer Hinsicht selbst einmal ein »so rechtes Mischimaschi« genannt hat – sich eigentlich auch zu Frauen hingezogen gefühlt? Tatsächlich erst, wie sie einmal behauptet hat, seit der Zeit mit Delon, in der alle nach allen Seiten offen waren? Oder schon im Internat, wo flammende Gefühle unter Mädchen keine Seltenheit sind? Oder ab den Dreharbeiten zu »Mädchen in Uniform«, bei denen sie sich so überzeugend in die Leidenschaft für Lilli Palmer hineingesteigert hatte?

Romy Schneider hatte auf jeden Fall über weite Strecken ihres Lebens immer wieder auch Liebesbeziehungen zu Frauen. Sie hat diese Frauenbeziehungen aber – aus nachvollziehbaren Gründen – nicht nur nach außen verheimlicht, sondern auch nach innen unterdrückt. Den geliebten Frauen hat sie in ihrem Leben anscheinend kaum Raum gegeben.

In seiner nach ihrem Tod veröffentlichten Biographie versichert Michael Jürgs mehrfach, ihre letzte Liebesbeziehung sei eine Frau aus Berlin gewesen, und Romy habe ihm gesagt, sie hoffe, »irgendwann den Mut zu haben, mit einer Frau zu leben«. Doch es ist unwahrscheinlich, daß Romy diesen »Mut« tatsächlich jemals gehabt hätte. Aus vielerlei Gründen. Nicht zuletzt, weil ihr Selbstwertgefühl als Frau so schwach war, daß sie auf die Bestätigung durch Männer einfach nicht verzichten konnte.

Auch wäre eine erotische Unabhängigkeit von Männern gerade bei Romy Schneider ein völliger Bruch mit der Rolle gewesen, die ihr das französische (Männer-) Kino der 70er Jahre zugewiesen hatte. Denn dieser Part unterschied sich ja nicht grundsätzlich von der Sissi-Rolle, sondern war ebenfalls die Projektion der Frau-an-sich – nur jetzt in der zeitgemäßen Variante. War Romy Schneider im Deutschland der 50er Jahre mit seinen starken Nachkriegsfrauen der unschuldig-verführerische Liebling der gebrochenen Helden gewesen – so wurde Romy Schneider im Frankreich der 70er Jahre mit seinen starken Feministinnen zum wissend-verführenden Liebling der verunsicherten Machos.

Nicht zufällig machte Romy Schneider in der Rolle der zweideutigen Frau ausgerechnet in der Zeit Karriere, in der die Frauen eindeutig auf die Pauke hauen. In Paris ist die Frauenbewegung in diesen Jahren in aller Munde und weiß man sehr genau, wer unter den Stars für die Feministinnen ist und wer gegen sie. Dafür sind Delphine Seyrig (sie ist selbst engagiert) oder Catherine Deneuve (sie gibt schon mal Geld); dagegen sind Brigitte Bardot oder Romy Schneider – beide distanzieren sich mehrfach öffentlich. Bei Romy Schneider allerdings tritt ab Mitte der 70er ein gewisser Sinneswandel ein. Von da an beschwert sie sich auch mal öfter über »das Pascha-Gebaren« und »diese Machos«. 1975 erklärt sie:

Emanzipiert heißt für mich, sich ein anderes Glück zu erkämpfen als jenes, wofür die meisten Frauen erzogen worden sind. Konsequenterweise muß jeder für sich allein aus diesem Klischee herausfinden. Vor allem aber sollten Mann und Frau ehrlich zueinander sein, zu echten Partnern zusammenwachsen.

Romy selbst wird in den letzten Jahren ihres Lebens nicht mehr die Kraft haben, diesen Anspruch zu erfüllen. Allerdings: In bezug auf ihren Beruf und auch in der Sexualität erlaubte sie sich schon lange »männliche« Freiheiten – und wird dafür nicht etwa nur bewundert, sondern auch verachtet; und das nicht selten ausgerechnet von den Männern, die davon profitieren. Die Verhältnisse sind eben nicht einfach umkehrbar.

Über Romys sexuelle Freiheiten zerfetzten sie sich alle das Maul. Dabei verhielt sie sich nicht anders, als so mancher Mann es tut (und so mancher Star sowieso). Keinem Mann würde man in einem solchen Fall moralische Haltlosigkeit oder gar sexuelle Abartigkeit vorwerfen. Die Verlogenheit, dieses zweierlei Maß, ist auch Romy selbst bewußt. Sie schreibt 1974 an ihre Freundin Christiane:

Ein Politiker schämte sich neulich nicht, auf einem Empfang im Élysée (meinem ersten übrigens) zu sagen: »Vous êtes trop moderne, trop violante, trop passionante, trop libre. Doch für einen Franzosen bleiben Sie immer La femme de ma vie, Madame – Ex-Frau wäre trop simple für Sie.« – Ich sehr simple in seinen Froschaugen? Ich! – die sich von so einem nicht nymphoman nennen lassen kann. Ich bin doch gar nicht so vulgär, wie man meinen könnte. Landläufig. Auch wenn ich mehr und mehr feststelle, daß mich immer wieder nur eines reizt:

zu wissen, daß ich reizvoll bin, für alle! Noch!! Oder mehr denn je. Aber satt hab'ich's. Halbheiten, die kurzen Nächte in andern Betten. Nie im eigenen. Das nun doch nicht. Nie. Bewußt, gewußt, gelebt mit Acteuren, die – blöd bin ich nicht – doch noch nicht mal Herren sind!

Aus Lust? Auf der ewigen Suche nach Lust? Auf der Suche nach Nähe? Aus Angst vor Einsamkeit? »Aus Angst vor dem Alleinsein«, hat sie mir 1976 geantwortet.

Ein Mann mit dem sexuellen Konsum einer Romy Schneider würde, irgendwann nach den Wechseljahren, zum x-ten mal heiraten, eine 20 bis 30 Jahre jüngere Frau, versteht sich, um dann zum x-tenmal Vater zu werden – aber diesmal ein präsenter und gerührter Vater, er hat sich schließlich schon ausgetobt.

Romy aber ist Liebhaberin und Mutter zugleich. Natürlich ist David, an dem sie sehr hängt, ihr wunder Punkt. In bezug auf ihn ist sie inzwischen sogar relativ ehrlich. »Keine Frau ist in meinen Augen aufrichtig, die das höchste Glück ihres Lebens allein in der Mutterrolle sieht«, sagt sie.

Aber sie möchte das mit David schon sehr gerne hinkriegen und tut viel dafür. Auch Harry Meyen findet es wichtig, daß das Kind bei Romy ist (»Romy ist eine ideale Mutter«). Dennoch wird er das Ringen um das Kind bei der Trennung ausspielen. In bar.

Doch erst einmal richtet Romy Schneider sich mit ihrem Sohn David in Paris ein. Sie kauft das erträumte Haus in der Rue Berlioz und nimmt ihr Kind, solange es noch nicht zur Schule geht, so oft wie möglich mit zu Dreharbeiten. In die Rue Berlioz ziehen nur sie und ihr Sohn. Es sind auch »keine Liebesbriefe mit umgezogen. Nur zwei, die wir heute noch gefunden haben, auf der Suche nach Papier, und als Fetzen mit an Davids Drachenschnur gebunden haben. 140 Stück. Armer Serge! Er war wohl zu romantisch. ›Wie du einen Strumpf hochziehst, ersetzt einen Nachtigallenschlag...‹ Schön! Übertrieben, dachte ich bei David im Park, als sein Traumdrachen stieg.«

In diesem Haus scheint Romy zum ersten Mal in ihrem Leben »darauf gefaßt, lange allein zu leben«. Sie will zur Besinnung kommen: »Im Garten steht eine Linde, und die Pollen wirbeln wie weiße Nonnen. Sommerschnee überall auf dem Boden, wenn man nicht die Fenster schließt: Man kann glatt seine eigene Einsamkeit ertragen... oder abends den Möbeln einfach laut ›Gute Nacht‹ sagen.«

Im Sommer 1973, vor Davids Einschulung, notiert die Mutter in ihr Tagebuch: »Ich darf gar nicht daran denken, wie ich dann zurechtkomme. Denn von David lange getrennt zu sein, ist unmöglich. Bisher konnte ich ihn wenigstens zu den Dreharbeiten mitnehmen, nur so kann er meinen Beruf verstehen.«

Er muß überhaupt viel verstehen, der kleine David. Die Presse, vor allem die deutsche, hetzt Romys Kind. In der französischen Schule ist er der Sohn von »maman la stare«. Bei den Dreharbeiten ist er der Franzose, der Mutters Akzent korrigiert. Und an der Seite seiner Mutter ist er nicht nur der Sohn, sondern auch der Gefährte – was ihn ehrt und überfordert zugleich. 1975 sagt Romy über ihren damals neunjährigen Sohn:

David hat begriffen, daß sein Vater und seine Mutter einander fremd geworden sind. Kürzlich erklärte er mir von selbst, ich sei doch nicht glücklich und solle lieber Schluß machen. Er hat das Problem also verarbeitet. Wir brauchen jetzt keine Komödie mehr zu spielen.

Romy Schneider arbeitet mehr denn je zuvor. Zwischen 1973 und 1974 macht sie innerhalb von zehn Monaten fünf Filme. »Ohne Arbeit kann ich nicht leben«, schreibt sie im Dezember 1972 in ihr Tagebuch. »Filmen, das ist für mich das wahre Leben.« Aber schon wenige Monate später notiert sie: »Ich möchte in Zukunft kürzer treten, weniger arbeiten und ein Haus auf dem Land kaufen, wo ich mit meinem Sohn David leben will! Und noch ein zweites Kind haben – das ist im Moment mein größter Wunsch.« Ein Vater für dieses Kind ist nicht in Sicht.

Das ist die Zeit, in der sich in der Branche herumspricht, »daß eine Produktion mit Romy Schneider reibungsloser verläuft, wenn ein junger Mann zur Hand ist, der sich intensiv um die Hauptdarstellerin kümmert, auch nach Drehschluß« (Michael Jürgs). Das ist in der Tat so, und alle wissen Bescheid, alle außer Romy Schneider. Sie nimmt sich die Freiheit, sich trösten zu lassen – und merkt nicht, daß diese Freiheit, sich trösten zu lassen, gar keine ist, sondern nur eine neue und besonders infame Art der Funktionalisierung und Ausbeutung.

Harry Meyen lebt längst sein eigenes Leben, es geht ihm nicht gut: er versinkt tiefer und tiefer in seiner Tabletten- und Alkoholsucht. Am 4. Juni 1973 handeln Schneider und Meyen in München einen Trennungsvertrag aus, scheiden lassen wollen die beiden sich (noch) nicht, »wegen David«.

Zuvor wird reichlich schmutzige Wäsche gewaschen. »Er hat immer nur gebremst«, sagt sie. »Wir haben eine faule und bequeme Ehe geführt.« Meyen schlägt zurück und zögert nicht, das Leben seiner Frau durch eine Detektei bespitzeln zu lassen. Er verlangt Mitspracherecht bei der Erziehung von David. (»Er soll nicht als Sohn eines Filmstars in einer Nobelherberge, sondern als David Haubenstock in ein spartanisches, deutschsprachiges Internat, wo er lernen muß, sich in die Gemeinschaft einzufügen.«) Und er fordert Geld: die Hälfte von Romys gesamtem Vermögen – 1,4 Millionen Mark. Romy zahlt. Wie immer.

Ausgerechnet in einem Zeitungsinterview, das die manchmal als Journalistin tätige Schneider-Freundin Christiane Höllger für BILD macht, führen die beiden ein letztes und für das Forum zu ehrliches Gespräch miteinander. Darin klagt Romy über »zuviel Kartoffelsalat und Fernsehen« in Grunewald. Harry: »Das fandest du doch mal sehr gemütlich.« Romy: Aber wir haben »uns nie Gedanken gemacht über meine Person, über meine Vergangenheit, woher ich komme. Das hat sich später gerächt.«

Über seine Person haben sie sich vermutlich auch nie Gedanken gemacht. Entsprechend erbarmungslos geht der Ehekrieg weiter bis zur endgültigen Scheidung am 5. Juli 1975. Doch das wird Romy Schneider nicht hindern, ihren Ex-Ehemann nach seinem Selbstmord 1979 und Davids Unfalltod 1981 erneut zu verklären. Unter ein Foto des toten David schreibt sie mit ihrer steilen, eigenwilligen Schrift: »Ich habe den Vater begraben. Ich habe den Sohn begraben. Ich habe sie beide nie verlassen – und sie mich auch nicht.«

Da ist sie wieder. Diese Woolfsche »Verlogenheit«, der Kitsch, mit dem Romy Schneider vor allem sich selbst belügt: dieser rosarote Zuckerguß, unter dem sie ihr Leben begräbt.

Am 31. Oktober 1974 fliegt sie von Paris nach Köln, um als Gast in Schönherrs Talkshow aufzutreten – und wundert sich in den Wochen darauf über das aufgeregte Echo in den deutschen Medien. Im Dezember 1974 telegrafiert Romy an ihre Mutter Magda:

Meine Mamma – mehr Erfolg kann man kaum haben was Beruf betrifft – mein Privatleben ist null – ruf dich morgen Sonntag an – wie immer deine Rosemarie etwas traurig etwas allein.

Ein letzter Versuch – 1975 bis 1980

Es ist Abend. Romy Schneider sitzt am Schreibtisch in ihrem Haus Rue Berlioz, diesem Haus, das »ein Heim« werden soll. Sie ist 37 Jahre alt und zieht Bilanz. Hinter ihr liegen zahlreiche berufliche und private Mißerfolge. Jetzt möchte sie ihr Leben in die Hand nehmen. Sie schreibt an ihre Freundin Christiane in Berlin:

Ich bin daraufgefaßt, lange allein zu leben. Mit Olga, die hilft und eine diskrete Person im Haus ist, und Biasini, der erst 28 Jahre alt ist und mir für den Rest empfohlen wurde. Von der Agentur übrigens. Er tut mehr, als er tun müßte, wie Davids Fahrradkette reparieren; man muß also keine neue kaufen, es geht auch mit einer gebrauchten. Ich saß einfach still vor dem Haus, auf dem Bürgersteig, und sah ihm nur zu. Es klingt echt, wenn er sagt: »Madame, kann ich noch etwas für Sie tun?« Für David, der völlig durcheinander ist, nicht schlecht, mal einen Mann im Haus zu haben. »Auch wenn er nur der Sekretär deiner Mutter ist«, wie Meyen sagt.

Romy Schneider ist Daniel Biasini zum ersten Mal bei den Dreharbeiten zu »Le train« 1973 begegnet, wo er für die Spesen des Teams zuständig war. 1974 wird er ihr von einem Freund empfohlen, als sie »eine Sekretärin« sucht – seither ist der hübsche junge Mann ihr Mädchen für alles, ist allgegenwärtig und macht sich zunehmend unentbehrlich. Aus der Vertraulichkeit wird Intimität, aus der Intimität ein Verhältnis.

Im Sommer 1974 ist das Verhältnis mit Biasini noch eines unter anderen und wird von Romy vor ihrem Sohn David verborgen. Im Frühling 1975 besucht der Sekretär seine Chefin bei der alljährlichen Diätkur in Quiberon, im Schlepptau den unzertrennlichen Kumpel Bernard Tissier. Der wird später über die Unbefangenheit schreiben, mit der sein Freund Daniel schon in dieser frühen Zeit seine Rennautos mit dem Geld seiner Chefin bezahlt, ohne daß die etwas davon geahnt habe.

In diesem Frühling nehmen Daniel Biasini und Romy Schneider eines schönen Tages zu zweit die Fähre zu der gegenüberliegenden Insel Belle-Ile. Biasini schlägt ein Picknick vor an der wild-romantischen zerklüfteten Spitze der Insel, wo noch die Hausruine der legendären Schauspielerin Sarah Bernardt steht. Dort, an diesem dramatischen Ort, erzählt er Romy, wie sehr er sich nach ihr gesehnt habe... Was Romy freut. Denn aus dem Verhältnis ist für sie allmählich Liebe geworden.

Die Sommermonate 1975 verbringt Romy Schneider mit Daniel und David in einem von ihr gemieteten Haus am Meer auf der Halbinsel von Saint Tropez, wo auch die weiße Yacht von Biasinis Eltern liegt. Der neunjährige David, zunächst reserviert, fängt an, Gefallen an dem 28jährigen Daniel zu finden. Und während Romy zu Hause Drehbücher liest oder eines ihrer, meist stundenlangen, Telefonate führt, gehen die beiden Jungs zusammen fischen oder brausen mit der Yacht durch die Bucht von Saint Trop'.

Irgendwann in diesem geruhsamen Sommer merkt Romy, daß sie schwanger ist. »Nein, Liebe auf den ersten Blick war es wirklich nicht«, wird sie später sagen. Aber – sie fängt an, sich einzufühlen. Ist es Liebe auf den zweiten Blick? Und ist das vielleicht endlich das so lange gesuchte Glück? Zwei Jahre später ist Romy sich sicher: »Daniel Biasini ist der einzige Mann seit Alain Delon, der mich mit Freuden eine Frau sein läßt. Er besitzt den gleichen harten Charakter und kann dennoch sehr zärtlich sein.« Weitere zwei Jahre später – und anderthalb Jahre nach der Geburt von Sarah – notiert sie in ihr Tagebuch:

Alle Schatten sind verschwunden. Die Schatten der Männer, die mir gesagt haben, daß sie mich lieben, und die mir in Wirklichkeit nichts gegeben haben. Die Schatten der Neurosen, die mich gezwungen haben, Pillen zu schlucken, um sie zu überwinden und um den Kopf für die Arbeit frei zu haben. Ich bin nie so glücklich gewesen wie jetzt. Ich habe unter der Zwangsvorstellung gelebt, verraten zu werden, im Stich gelassen zu werden. Mein Glück war aus furchtbar vielen Gründen bedroht. Offenbar konnte mich niemand so lieben wie Daniel.

Diesmal scheint Romy nichts überstürzt zu haben. Dennoch gerät sie noch einmal in die Situation, die sie schon wiederholt an den Rand des Abgrunds getrieben hat: Sie faßt blindes Vertrauen – und macht sich abhängig und damit schwach. Auch diesmal hat sie sich die Mühe des genauen und möglicherweise schmerzlichen Hinsehens erspart und sich lieber ihren Illusionen hingegeben.

Menschenkenntnis ist nicht ihre Sache. Darum wird sie immer wieder verraten werden – und diesmal wohl härter denn je zuvor.

Bisher hatte Romy bei Lieben wie Affären unterschieden zwischen Herren und Sklaven: von ersteren ließ sie sich schikanieren, zweitere wurden von ihr schikaniert; manche waren beides in verschiedenen Phasen. Eine gleichberechtigte Beziehung jedoch hat sie noch nie gelebt. Dabei spielt es natürlich auch eine Rolle, daß eine erfolgreiche oder gar berühmte Frau für ihren Erfolg privat nicht etwa – wie ein Mann – um so mehr bewundert und geliebt wird, sondern daß sie sich, ganz im Gegenteil, für ihre Stärke zu entschuldigen hat. Je stärker Romy »öffentlich« dasteht – um so schwächer muß sie sich privat geben. Das war schon bei Delon und Meyen so und ist bei Biasini nicht anders. Und das geht auch nicht nur Romy Schneider so.

Doch jetzt, in der Mitte ihres Lebens und auf dem Höhepunkt der in Frankreich sehr präsenten Frauenbewegung, die die Frauen übermütig und die Männer nervös macht, fängt auch Romy Schneider an, von Gleichheit zu träumen. Bei den Dreharbeiten mit dem von ihr geschätzten Zulawski wird sie offen rebellisch: »Frauen sind nicht mehr eure Laufburschen, merkt euch das! Jetzt ist Schluß mit dem Pascha-Gehabe.« In dem schon erwähnten Interview Mitte der 70er Jahre sagt sie: »Mann und Frau sollten ehrlich zueinander sein und zu echten Partnern zusammenwachsen.«

Ist der neun Jahre jüngere Biasini ein Kandidat für dieses Experiment? Romy scheint das zu glauben. Aber – sie ist die einzige, die ihn so sieht. Keiner von Romys

Oben: Die Talkshow mit Driest am 31. Oktober 1974.
Rechts: Die Begegnung mit Böll im Dezember 1976.
Auf der Vorderseite: Romy Schneider 1981 in Quiberon.

Oben: Romy Schneider im Gespräch mit Alice Schwarzer im Dezember 1976 in Köln. Rechts: Mit Schwarzer und Freundin Christiane Höllger im November 1976 in Berlin.

Ein neues Glück: Romy mit Laurent Pétin.
Unten: Romy mit Tochter Sarah, die beim
Tod der Mutter knapp fünf Jahre alt ist.

Oben: Romys letzte Begegnung mit ihrem Sohn David, elf Tage vor seinem Tod.
Unten: Cesar-Verleihung 1981 mit David.

Männern scheint vom ersten Tag so ein Fehlgriff wie dieser hübsche junge Mann aus gutem Haus mit einer französischen Mutter und einem italienischen Vater: Nicht nur in Romys engerer, gut informierter Umgebung ist man tief beunruhigt.

Dennoch: Am 18. Dezember 1975 heiraten die deutsche Staatsangehörige Rosemarie Magdalena Albach und der Franzose Daniel Biasini im Berliner Hotel Gerhus (ja, just in dem Hotel, in dem sie zehn Jahre zuvor in der goldkäfer-geschmückten Suite mit Harry Meyen »The Party is over« getanzt hatte). Es ist eine standesamtliche Trauung im kleinsten Kreis, gefeiert wird noch am gleichen Abend in Paris. Am Abend zuvor allerdings gibt Romy, mal wieder und anscheinend unbelehrbar, dem STERN noch ein langes Interview. Diesmal allerdings geht es glimpflicher ab. Die Reporterin fragt einfühlsam: »Mann, Kinder, Beruf, Erfolg, Geld, Freiheit, Sicherheit und Glück – wie wollen Sie das alles unter einen Hut bringen?« – Und Romy antwortet siegessicher: »Ich habe das schon mal versucht. Ich versuche es jetzt wieder.«

Das Brautpaar sieht angemessen festlich aus. Daniel trägt ein schwarzes Samtjackett, Romy eine Art Woodstock-Dirndl mit tiefem Dekolleté, Blümchenmuster und Rüschen und dazu einen seidenen Feldblumenkranz im gelockten Haar. – Knapp 38 Jahre zuvor hatte Mutter Magda am Königssee ihren Wolf geheiratet: Er im Lodenjankerl und sie im geblümten Dirndl mit tiefem Dekolleté und Feldblumenkranz im gelockten Haar.

Auch Romy will das Glück, dem schon ihre Mutter so blind hinterherjagte, zwingen. Auch Romy hat eine

Tendenz zu gutaussehenden Filous oder autoritären Daddys. Zwar hat sich die Tochter viele neue Freiheiten genommen, aber in puncto Männer scheint sie die Tradition der Mutter ungebrochen fortzusetzen. Auf die Frage des Standesbeamten »Wollen Sie...?« antwortet sie mit einem entschlossenen »Oui« – und er mit einem deutschen »Ja«.

Blitzlichter, Gedränge und ein Wutanfall von Romy: »Dies ist kein Filmfest in Cannes, dies ist eine Hochzeit. Seien Sie doch bitte nicht so aggressiv!« Noch am Nachmittag fliegen die Frischvermählten nach Paris, wo ein Hochzeitsdiner in der »Orangerie« auf der Ile de la Cité geplant ist, in dem Restaurant des alten Romy-Freundes Jean-Claude Brialy.

Unter den 35 Gästen sind Mutter Magda, Bruder Wolf und Sohn David, aber auch Claude Sautet, Helmut Berger und Star-Friseur Alexandre (verantwortlich für die jungfräulichen Löckchen) – plus zwei STERN-Reporter. Mutter Magda wird am nächsten Tag in der Zeitung mit dem Satz zitiert: »Die zweiten Ehen sind oft die besten.«

Das Jahr, das mit soviel beruflichen Erfolgen begonnen hatte – »Nachtblende« und »Das alte Gewehr« sind überwältigende Publikumserfolge –, scheint sich nun auch privat glücklich zu wenden. Warum Romy an diesem Abend in Tränen ausbricht und so bedrückt wirkt, ist nicht klar; ihr selbst vermutlich auch nicht.

Bis zu seinen Schlagzeilen mit dem Filmstar hatte Daniel Biasini eher das Leben eines Vorort-Playboys geführt, mit schicken Gelegenheitsjobs, zum Beispiel als Kellner in einem In-Lokal in Saint Tropez oder als Spesenverteiler beim Film. Auch der Job bei Romy Schneider paßt. Wenige Monate nach der Eheschließung wird Biasinis bester Freund, Bernard Tissier, exklusiv der Presse enthüllen, das Ganze sei nur ein abgekartetes Spiel von Daniel gewesen. Biasini habe sich an die als finanziell sehr großzügig bekannte Romy rangemacht, weil er sich vor allem für ihr Geld interessierte, und habe sie nach Plan erobert: mit einer Zuckerbrot-und-Peitsche-Strategie, indem er sich unentbehrlich und rar zugleich machte. Und jetzt schröpfe Biasini – mit seiner uneingeschränkten Bankvollmacht – Schneiders Konten für seine Sportwagen, Yachten und Verhältnisse.

Und Tissier ist nicht der einzige, der das sagt. Ganz Paris spricht darüber. Nur Romy findet das Ganze »ungeheuerlich« und eine »glatte Verleumdung«. Sie kennt schließlich Daniel Biasini besser.

In der Silvesternacht hat Romy Schneider eine Fehlgeburt. Das Gerücht will nicht verstummen, Ursache sei ein Raser-Unfall gewesen, am Steuer Biasini.

Am 17. März 1976 stirbt Luchino Visconti. Am 3. April erhält Schneider den »César« für »Nachtblende« und »Das alte Gewehr«. Ihre Dankesrede ist eine Huldigung an den geliebten »Lucca«; eine Rede, die nicht nur eine Würdigung des Regisseurs ist, der für ihre berufliche Laufbahn so entscheidend war, sondern auch eine Verklärung des Freundes, der sie so tyrannisch gequält hat. Romy verrät, daß sie mit Visconti zusammen ein Remake von »Sissi« geplant hatte – aber diesmal nicht die »Kaiserschmarrn-Sissi«, sondern die authentische, die rebellische, die melancholische Elisabeth.

In diesem Jahr dreht Romys Hausregisseur Claude Sautet den Film »Mado« und gibt seinem Star darin eine aufschlußreiche Nebenrolle: Schneider spielt die einsame Helene, ausgeblutet von zu vielen Lieben und zuviel Alkohol. Die Rolle ist wieder einmal dicht am Leben. Auch Romy bekämpft ihre immer stärker werdenden Ängste und ihre immer größer werdende Hilflosigkeit und Wut mit Tabletten und Alkohol. Nachts, wenn sie wach liegt und die Angst in ihr hochkriecht; mittags, wenn sie wie bleiern nicht die Kraft hat, die Augen zu öffnen; nachmittags auf dem Set, wenn sie ihr Bestes geben will, aber glaubt, nie mehr spielen zu können oder zu alt zu sein für attraktive Rollen – dann genügt auch Daniel nicht mehr, dann müssen Tabletten und Alkohol her. Romy Schneiders Depressionen und Wutanfälle sind gefürchtet in der Branche.

Im Herbst des Jahres 1976 beginnen in Berlin die Dreharbeiten zu der Verfilmung von Heinrich Bölls »Gruppenbild mit Dame«. Romy Schneider ist zu diesem Zeitpunkt auf dem Zenit ihres französischen Ruhms, ihr Honorar für »Gruppenbild« beträgt eine Million Mark. Doch die Romy, die da anreist, ist alles andere als ein selbstsicherer Star. Sie ist zerrissen von Selbstzweifeln und Ängsten – gerade bei den Dreharbeiten in Deutschland mit einem so deutschen Stoff von einem so deutschen Dichter.

Es gehört zu Romys Selbstverständnis als Schauspielerin, sich intensiv mit Regisseuren und Autoren auseinanderzusetzen. Als sie anreist, hat sie nicht nur ihr Drehbuch studiert, sondern kennt auch ihren Böll in- und auswendig. Doch dieses Interesse ist einseitig. Denn der in Köln lebende Heinrich Böll ahnt vermutlich noch nicht einmal, wie intensiv die Schauspielerin Romy Schneider sich mit der von ihm geschaffenen Figur beschäftigt und wie sehnlich sie sich ein Gespräch über ihr Verständnis der Rolle mit dem Schöpfer der Leni wünscht.

In Frankreich wäre es selbstverständlich gewesen, daß ein Autor vom Kaliber Bölls das Gespräch mit einer Schauspielerin vom Kaliber Schneiders sucht. In Deutschland ist sie jedoch anscheinend auch für Böll immer noch und vor allem die Ex-Sissi. Romy Schneider spürt das. Und verzweifelt zunehmend über Bölls Schweigen. Sie beginnt, ihm Briefe zu schreiben – Briefe, die sie aus Schüchternheit nie abschicken wird.

Diese Briefe an Böll sagen unendlich viel über Romy Schneider selbst, ihr Verhältnis zu Deutschland und zu Intellektuellen, über ihre Zweifel und Unwertgefühle – aber auch über ihre Sensibilität und Kreativität. Hier darum einige dieser nie abgeschickten Briefe an Böll, der erste klingt noch ganz wohlgemut:

1. Dezember 1976
Sehr verehrter Herr Böll, lieber Herr Böll, würde ich schon gerne sagen, auch, wenn ich zum ersten Mal an einen Nobelpreisträger schreib... Oder mich auch schnell in ein Flugzeug setzen, um mit Heinrich Böll gerne eine Stunde zu reden...
Sehr verehrter Herr Böll, fang ich noch einmal an, und weiß schon wieder nicht weiter... Ich freu mich, Ihre Leni Gryten zu spielen... und werde gut sein. Das kann ich einfach sagen, weil ich es weiß.

Mein Agent sagte mir, daß Sie sich nur einen Film vorführen ließen und mit der Besetzung der Leni einverstanden waren. Es tut gut zu hören... da ist man doch ein wenig stolz... Ich lese, studiere diese Nachkriegszeit. Das Grauen von damals, so gut ich nur kann, versuche vor allem, die Frauen von damals zu verstehen, ihr Überleben, ihre Kämpfe, diese Zeit.

Viele Ihrer »Reden und Schriften« zu Deutschland habe ich hier liegen... Verstehe, streiche an, ich lerne, ich kämpfe überhaupt um ein richtiges Leben. Wissen Sie, ich bemühe mich, das würde ich Ihnen am liebsten schreiben.

Man sagt, daß Sie ein sehr mutiger Mann sind, daß Sie sich, furchtlos, aus nichts heraushielten. Verzeihen Sie, Noblesse, Ihre, ermutigt einen zu schreiben. Auf dem Foto, ein Einband, schauen Sie aus, als ob Sie sagen: Nichts ist einfach!

»Homy« nennen die Amerikaner solche Männer in der Öffentlichkeit. Wäre ich wortgeschickt, würde ich's gerne besser schreiben. »Homy« sind auch schon die Titel Ihrer Geschichten, weil die mich zum Lachen bringen. »Dürfen Russen lachen?« schreiben Sie. Dürfen sie offenbar nicht, nach dem Krieg... Jeder bleibt in Deutschland das, was er ist, und Hottentotten lachen nicht.

Lenis Umgebung in Köln ist das doch bis heute? Leni, wie lebt sie darin? Wie ist sie durch kein Außen zu beirren, in dem, was sie fühlt? Sie bleibt also, was sie ist???

Ist das deutsch, lieber Herr Böll, diese schrecklich schöne Eigenschaft, alles aus sich herauszuholen? Lebt man da nicht allein aus dem Augenblick? Dann bin ich

auch sehr deutsch. Sehr sogar. Leni unterscheidet ja ganz aus dem Instinkt, trotz ihrem bißchen Nonnen-Erziehung und ihrer Gärtnerei, die ja gar kein Beruf für sie ist. Aber sie ist eine Person. Ihre Aversion reicht, um die Nazis abzulehnen. Unschuldig schamlos finde ich sie, falls es so was gibt?
Sehen ist mein Beruf, nicht Schreiben, aber sehen kann ich. Enttäuschen werde ich Sie nicht mit meiner, unserer Leni. Das weiß ich.

Romy Schneider schickt diesen Brief nie ab. Doch hätte Böll ihn erhalten, wäre er dann wohl in der Lage gewesen, ihre Großzügigkeit, ihre Klugheit und Verzweiflung zu erkennen? Romy schreibt einen zweiten Brief an Böll, diesmal weniger ehrfurchtsvoll und eher sauer. Sauer über das Gerücht, Böll habe für die Rolle der Leni eigentlich Angela Winkler gewollt und interessiere sich überhaupt nicht für Schneider. Jemand, der so sensibel, so ernsthaft und so unsicher ist wie Romy, muß davon tief, sehr tief getroffen sein. Sie schreibt:

Sehr geehrter Herr Böll,
  wieso kann Heimweh so zunehmen? Am liebsten wäre ich gestern mit einem Adventskranz, einem kleinen runden grünen, zu Ihnen geflogen, nach dem Drehen. Berlin ist so fremd wie noch nie. Obwohl mein Sohn hier geboren ist und ich hier gelebt und geheiratet habe.
  Nach vier Wochen Drehen hoffte ich, wenigstens einmal von Ihnen zu hören. Aber Heinrich Böll scheint mich nicht sehen zu wollen, es ist ihm auch zuviel, sich nur

eine einzige Stunde mal für seinen Film zu interessieren, jedenfalls für das, was aus ihm hier wird, in dieser Rundum-Schlamassel-Produktion.

Und nun höre ich auch noch von hinten herum (von vorne würde man ja auch mich, die das Geld bringen soll, nie ansprechen), daß Sie mich nie gewollt haben. Daß Sie schon einmal in einer anderen Besetzung mit Volker Schlöndorff an einer Filmversion gearbeitet haben... Sich also nie für mich interessiert haben! Mich also bewußt hier in diese Falle haben laufen lassen, noch bevor ich diesen Schlamassel, dieses Provinzzeugs unterschrieb...

Es ist Ihnen egal, ob ich mich hier blamier bis auf die Knochen, allein dastehe. Ich bin also nur der Name, der Geld bringen soll, ein Haufen Scheiße, Persil, Second Hand... unkenntlich... mehr nicht.

Böll antwortet nicht, kann ja nicht antworten, selbst wenn er wollte. Denn auch diesen Brief erhält er nie. Inzwischen hat sich Romy Schneider bei den Dreharbeiten – die mit einem schwachen und chaotischen Regisseur katastrophal verlaufen – den Fuß verstaucht. Allein gelassen vom Autor wie vom Regisseur, dafür aber auf Schritt und Tritt verfolgt von der Sensationspresse, gerät sie langsam in Rage. Der Zorn hilft ihr, Böll nicht länger nur zu verklären, sondern nun auch Schwächen an dem eben noch bedingungslos verehrten Nobelpreisträger zu entdecken:

Herr Böll,
   krank, seit einer Woche, schön erkältet mit verstauchtem Fuß im Bett, am offenen Fenster zu sitzen, sehr ange-

nehm... Wissen Sie, was dieser Ausfall, eine Woche bis jetzt, die Produktion kostet? Viel, sehr viel jedenfalls. Vielleicht verstehen Sie ja das, wenn Ihnen ansonsten die Sprache, wenn Ihnen ansonsten schon die Worte für mich fehlen...

Und, diese überaus wichtige Kleinigkeit von einem Zeh, ein tiefblauer Fleck, wo einige Äderchen rötlich ins Weiße fließen, bringt also dieses Riesenraderl von Produktion zum Stehen. Im wahrsten Sinne des Wortes: Pause. Nicht einmal für Wien, wo wir die letzten Wochen drehen, kann ohne mich disponiert werden. Ein Drittel des Teams wartet dort umsonst, kann in den Prater gehen, in der Luft sitzen, nur, ich sitze hier gut. Denn der große Aufwasch hat begonnen. Meiner! Mein Agent kommt morgen und tauscht Dilettantismus aus. Produktion und zwei Schauspieler. Mit dem Versicherungsarzt weigere ich mich zu reden. Die Publicity kann bleiben, wo der Pfeffer wächst.

Wer weiß, vielleicht hätten Sie sich doch besser mal meinen Arsch ansehen sollen, so übel ist er nicht, als Sie sich meinen Film vorführen ließen. Vielleicht hätten Sie was Gescheiteres geschrieben, wenn Sie meinen Hintern nicht so ganz übersehen hätten, jedenfalls nicht Ihre scheinheilige Leni.

Wie wär's denn mal mit einem anderen Gebet. Sie wohnen doch so nah am Kölner Dom? Sich mal vor dem Altar die Hände zwischen die Beine legen. Belebt ungemein, sag' ich Ihnen!

Der Briefträger eben starrte noch, als ich die Treppe hochging, konnte sich bei meinem Anblick nicht vom

Fleck rühren, der arme Junge, als er mich im Hemd in der offenen Tür sah.

Mein Gesicht ist so klein wie meine Füße, denke ich, wie ich hier sitze, in diesem Bett. Sonst kümmert mich wenig, weil ich so lange krank bin, bis mein Zeh wieder Lust hat, das Riesenraderl, die Produktion zu bewegen. Noch hält er's still, am Nacken, ganz oben in der Luft...

In der Wintersonne traut sich mein Briefträgerhintern kaum, sich zu bewegen, aus Angst, dieses ach so schöne Gefühl könnte vergehen. Keine Angst, bei mir im Bett liegt er noch nicht, den Briefträger meine ich. Ein sehr netter Junge übrigens, auch nicht hundert von ihm, im Augenblick jedenfalls nicht, obwohl das bestimmt ganz und gar ungemein gesund sein kann... gewußt, ungewußt... was weiß ich, das absolut Allerschönste sein kann...

Wie schön die Stadt vor der Nase liegt. Schöner als Beichten jedenfalls, sage ich Ihnen, ist das... gesund!! Sie sind nur zu feige, das zu verstehen, weil Sie wohl zu dicht, immer schon, am Kölner Dom gewohnt haben...

Wenn nun Gott nichts weiter als ein Loch ist, das man im Bauch trägt. Wär doch nicht übel. Finden Sie nicht? So ein Gebet???!!!

Der 3. Dezember ist der Geburtstag ihres Sohnes David. Schon das stimmt Romy Schneider milde. Hinzu kommen die deutschen Erinnerungen, die gerade bei diesen Dreharbeiten, die ja in ihrer Heimat und der Zeit ihrer Kindheit spielen, Tag für Tag mehr hochkommen. Allmählich ahnt sie, daß nicht nur Böll ihr etwas zu sagen hätte,

sondern auch sie ihm. Sie schreibt einen weiteren Brief –
und schickt auch den nie ab.

3. Dezember 1976
Sehr geehrter Herr Böll,
ich möchte Ihnen nicht zu nahe treten, Sie belästigen,
meine ich. Auch wenn ich nah vor Ihnen stehe, bin ich
kein aufdringlicher Mensch.
»Für ihr Wiedersehen in Deutschland«, schreibt der
»Spiegel«, den man mir hier ermutigend in die Garderobe
legt, »serviert uns Romy Schneider in der Rolle der Leni
Gryten, Heinrich Bölls Romanfigur, einen Soldaten-
schritt, mit dem sie tapfer bei den Dreharbeiten durch die
Trümmer geht, sieht starr geradeaus, ihren Blick nicht
nach rechts und links gerichtet.«
Es wäre schön, wenn Sie mir nur einfach sagen, was
Sie von alldem hier halten. »Eine Öffentlichkeit gibt es
nicht«, schreiben Sie, »man versucht, sie immer wieder
herzustellen.« Das habe ich mir angestrichen, und lese
Sie viel... in den Pausen... im Wohnwagen.
Ist dieses furchtbare Heimweh, lieber Herr Böll, nur
das, weil man nichts weiß, dachte ich heute morgen, als
ich dort hingebracht wurde, wo wir den Luftangriff dre-
hen?
Wedding heißt dieser Berliner Arbeiterbezirk, der sehr
alt sein soll und von dem ich nicht einmal wußte, daß es
ihn gibt. Vier Miethäuser für den Luftangriff gesprengt.
Panik bei der Bevölkerung. Inferno, Feuerwehr en masse.
Eine sehr nette alte Dame ist auf das Gelände gekom-
men und hat mir ein wunderschönes, sehr seltenes Foto

meiner Eltern noch aus ihrer Ufa-Zeit vor dem Krieg geschenkt. Was für ein wunderschönes Paar sie waren! Es steht im Wohnwagen auf meinem Garderobentisch, während das Echo dieser Sprengung noch im ganzen Körper sitzt...

In diesem Katakombenkeller ohne Lichtschimmer zu sitzen. Leni...

Wissen Sie, wie das ist, wenn einem das Herz bis zum Halse schlägt, alleine, auf und ab, stückweise allein, daß man es überall hört, weil man da sitzt? Allein schauen soll mit dem ach so wunderbaren Gesicht. Und nur dieses Auf und Ab, und sonst nichts – daß es die Hölle ist? Leni, wie sie schwanger in ihrem Keller sitzt, stumm, alles drumherum betet, Vater, Mutter, Kind, Maria und Josef – mit einem einzig langen Blick, nur Hoffnung zeigen soll, ein Blick, der im Luftangriff oder Weltuntergang ganz greifen soll, egal, was geschieht.

Nein, das wissen Sie nicht!

Voilà! Der »Soldatenschritt« und »Hummer«, die Romy Schneider – laut »Bild« natürlich – in ihren Mittagspausen kommen läßt. Das ist es also, was man von mir hier will – »Soldatenschritt« und »Hummer«. Das ist es also, was ich hier bin. Ohne »Bild« keinen Schritt... Welche Weinmarke ich trinke, in welche Apotheke mein Fahrer mich fährt, und wieviel natürlich am Tag... zu viel!

Nie soviel, um nicht sehr genau noch zu wissen, daß man abends meine Flaschen im Wohnwagen nachzählt. Am liebsten mich mal langliegen sehen würde. Nicht nur die Haushälterin und den Chauffeur abfragt, bestimmt das Team hier besticht, für Auskünfte. Wieviel trinkt sie? Kriecht sie? Kann sie überhaupt noch?

Keine Angst – aus der Rolle falle ich nicht. In eure Fensteraugen falle ich nicht, in denen nur Scheiße zu lesen ist, dachte ich, als ich über diese Endlos-Schienen, an ihnen vorbei in einer einzigen langen Einstellung, in diesem Trümmerfeld lief. Millimeterpräzise!

Ein paar Meter sind immer noch schöner als eure sauren Geschichten, euren Irrsinn, den ich vor meiner Wohnwagentür ertragen muß, immerzu hör'... Essen und Trinken im Kopf, wie die Mittagspause war, und ob das Auto nach Drehschluß noch geputzt wird... und sonst nichts.

Lieber Herr Böll! Emotional zu sein, schreiben Sie, »gilt hierzulande als krank, Phantasie als Schwäche, als habe man keine Theorie«. Ohne Gefühl zu sein, hieß aber gleich, eine Todesanzeige zu verschicken...

Ich möchte Ihnen vieles sagen und kann nicht reden, nicht mehr, habe ich das Gefühl. Ich bin ein sehr stummer Mensch. Wenn ich den Mund auftue, fang ich an zu schreien...

Es würde mir Kraft geben, diesen Film zu überstehen, bis ich wieder in Paris, zu Hause, bin, wenn Sie kämen. Eine Stunde Gespräch würde ja reichen, hier in dem Schlamassel.

Bin ich wirklich jemand für Sie, den man ohne Antwort läßt? Also unkenntlich? Oder ohne Kenntnis? Bin ich das? »Bild?« Scheißdreck eben... Verzeihen Sie.

Ihre Romy Schneider.

Bin ich unkenntlich, existiere ich gar nicht für Sie? – Unser gemeinsamer Besuch bei Böll am Nachmittag des 12. Dezember 1976 muß sie tief enttäuscht haben. Denn in der Tat: Diese Romy hat Böll nicht gesehen. Doch sie läßt sich nichts anmerken – im Gegenteil: Sie vertuscht die für sie so bittere Wahrheit seines freundlichen Desinteresses wie gewohnt mit der Verklärung der Wahrheit. Später wird sie erklären, diese »vier Stunden mit Böll« (die nur eine waren), bzw. »diese Nacht mit Böll«, seien für sie die wichtigste Zeit in diesen Monaten in Deutschland gewesen. Ist ihr Realitätsverlust inzwischen so groß, daß sie ihre Wünsche für die Wahrheit nimmt?

Nach Abschluß der für sie so quälenden Dreharbeiten in Berlin erfährt Romy Schneider, daß sie wieder schwanger ist. Sie ist glücklich. Sie will dieses Kind! Diesmal soll es ein Mädchen werden, »unbedingt!«

Romy Schneider sagt alle Dreharbeiten für das Jahr 1977 ab. Jetzt will sie sich, zusammen mit Daniel, David und dem erwarteten Kind, einen uralten Traum erfüllen: ein Haus auf dem Land. Sie kauft ein altes Bauernhaus in Ramatuelle, auf der Halbinsel von Saint Tropez – wo sie schon so oft gedreht und gefeiert hat –, und läßt das ausbauen. Ostern fährt sie zum ersten Mal mit Daniel hin. Vier Hektar Land mit Pinien, ein Bach und einen Steinwurf entfernt das zukünftige Hausmeister-Ehepaar, das sich um alles kümmern wird. Überglücklich.

Am 21. Juli kommt Romys zweites Kind auf die Welt: Es ist ein Mädchen und erhält den Namen Sarah. Die Schwangerschaft war nicht einfach, die Fruchtblase platzte verfrüht, und die Ärzte entschließen sich zu einem

Kaiserschnitt im siebten Monat. Als Sarah da ist, wiegt sie gerade mal 1.800 Gramm. Sie wird in einen Brutkasten in Nizza gebracht.

Im August kommt Sarah nach Ramatuelle, und David kehrt aus seinem Urlaub beim Vater in Hamburg zurück. Romy verkauft das Haus in Paris, Rue Berlioz, und richtet sich ganz auf ein Leben auf dem Land ein. Zu Dreharbeiten in Paris oder wo auch immer würde sie von Nizza aus fliegen. In Paris hat sie jetzt nur noch eine kleine Wohnung. Romy genießt in vollen Zügen das Familienleben. Auch Mutter Magda ist, mit ihrem dritten Ehemann, zu Besuch, ebenso Bruder »Wolfi« mit Frau. Ab Herbst geht David in Saint Tropez zur Schule.

Doch dann passiert etwas Bedrückendes. Der Anruf erreicht Romy Schneider in Acapulco, wo sie mit Daniel in einem von Elizabeth Taylor gemieteten Haus Urlaub macht. Es ist Ostersonntag, der 15. April 1979. 34 Jahre nach der Befreiung aus dem KZ und sieben Jahre nach Romys Abgang hat Harry Meyen sich umgebracht, erhängt, am Fensterkreuz, mit einem Wollschal. Meyen war 54 und in den letzten Jahren unaufhaltsam in den Abgrund seiner Tabletten- und Alkoholsucht gerutscht. Entziehungskuren griffen nicht. Den Selbstmord beging er im Delirium.

Romy Schneider nimmt das nächste Flugzeug und kommt noch am Tag selbst in Hamburg an. Fotos vom Flughafen zeigen eine fassungslose Frau. Neun Tage später, nach der Beerdigung, fliegt sie zurück nach Paris. Außer einer alten Freundin von Harry Meyen, die ihn bis zuletzt versorgte, sieht sie in diesen Tagen fast niemanden. Sie macht sich Vorwürfe: »Ich hätte mich mehr um ihn kümmern müssen.« Zur Fassungslosigkeit aller beerdigt Romy ihren Ex-Mann heimlich, ohne auch nur einen Menschen zu benachrichtigen, noch nicht einmal dessen alte Freundin.

Auch juristische Fragen stellen sich jetzt. Gibt es ein Testament? Und was ist mit den 1,4 Millionen Mark, die Harry angeblich für seinen Sohn David angelegt hatte? (Sie sind bisher nicht wieder aufgetaucht.) Und wie nur soll sie dem Dreizehnjährigen sagen, daß sein Vater nicht mehr lebt? Daniel wird ihr dabei behilflich sein – und sich damit bei ihrem Kind noch unentbehrlicher machen.

Ein paar Wochen später fängt Romy wieder an zu arbeiten. Sie dreht ein letztes Mal mit Claude Sautet. Die neue Zeit, die Emanzipation der Frauen, spielt eine zentrale Rolle in diesem Film. 1976 gab Romy mir sehr bewußt für EMMA eines ihrer raren Interviews. 1977 sagt sie zu Sautet: »Ich möchte, daß du für mich eine Geschichte über Frauen schreibst. Ich habe es nämlich satt, daß es immer nur Geschichten von Kerlen sind!«

Sautet schreibt die gewünschte »Frauengeschichte« und dreht sie mit ihr im Sommer 1978. Mit diesem Film, »Eine einfache Geschichte«, treffen Sautet und Schneider den Nerv der Franzosen ins Schwarze. Die Presse überschlägt sich vor Begeisterung. So schwärmt der NOUVEL OBSERVATEUR: »Romy Schneider in ihrer schönsten Rolle, in der tiefgründigsten und aktuellsten, die man einer Schauspielerin angeboten hat.« Und LE MONDE fühlt sich gar an Ingmar Bergman erinnert: »Natürlich liebt Sautet die Frauen genauso wie Bergman, weil sie süß

und gewaltig sind, weil sie freigiebig und verrückt sind, und weil sie Seltenes und Geheiligtes in sich bergen.«
Genauso haben nicht nur die Franzosen die Frauen gern: das irrationale »ewige Rätsel Frau«. Jetzt in seiner modernen, halbemanzipierten Variante.

Und Sautet selbst? Er sagt im PLAYBOY über Romy Schneider: »Sie ist die Synthese aus allen Frauen«, und bestätigt, daß auch ihre Rolle in der »Einfachen Geschichte« weitgehend »von dem wahren Charakter Romy Schneiders inspiriert ist. Mit dieser Sprödigkeit, die mich immer frappiert hat, dieser Art von Stolz im Alltäglichen, dieser Würde, die sie auf eine ganz persönliche Art und Weise zeigt. Sie ist gleichzeitig Gefühl und Spannkraft, Panik und Heiterkeit! Vor allem aber besitzt sie Stärke. Sie hat eine Art von Anständigkeit, die aus ihr selbst herausstrahlt und die sie unabhängig macht. Romy ist einfach eine Herausforderung.«

Sautet wird erst nach ihrem Tod erzählen, wie sie ihm während der Dreharbeiten immer wieder Blicke zuwarf oder Notizen zuschob: eigene Gedanken zur Rolle, eine »sorgfältig abgeschriebene Seite aus Freud« oder auch Auszüge aus einem aktuellen politischen Kommentar. »Alles mündete bei ihr stets in den gleichen Wunsch: Wir sollten uns ein Beispiel nehmen, sollten aufrechte Menschen auf der Höhe unserer Zeit sein.«

Was nun ist die Geschichte, die all diese Männer so sentimental macht? Die von Romy Schneider gespielte Marie ist eine moderne junge Frau; das heißt doppel belastet mit Kind und Beruf (Bauzeichnerin), aber ohne Mann. Genau gesagt: zunächst mit einem immer abwesenden

Geliebten, der noch nicht einmal mitkriegt, daß sie abtreibt; und dann noch einmal mit dem Vater ihres halbwüchsigen Kindes, der noch nicht einmal mitkriegt, daß sie zum zweiten Mal von ihm schwanger wird. Er hat inzwischen eine andere. Aufgefangen wird Romy-Marie von einer Gruppe von Frauen, Freundinnen und Kolleginnen, die alle in ähnlichen Situationen sind wie sie: vielbeschäftigt mit Kindern und Beruf und einsam neben psychisch oder physisch abwesenden Männern.

Als Marie von ihrem Ex-Ehemann zum zweiten Mal schwanger wird – der sich bereits als Vater des ersten Kindes in keiner einzigen Szene zu erkennen gegeben hatte –, hofft sie aus unerfindlichen Gründen, er käme zu ihr zurück. Doch der hat Besseres vor, verläßt den krisengeschüttelten Betrieb, um den Marie sich so engagiert kümmert, und zieht von dannen mit einer Jüngeren. Da entschließt sich die edle Marie, dem Erzeuger nichts von ihrer Schwangerschaft zu sagen. Sie wird es schon alleine schaffen, bzw. mit der Hilfe anderer Frauen.

Happy-End. Sie zieht mit einer verwitweten Freundin zusammen – in allen Ehren: selbst wenn die beiden Frauen zusammen im Bett liegen, was sie tun, sind sie bis zu den Ohren verpackt – und Romy-Marie lächelt versonnen ihrer zweiten Niederkunft entgegen. Wir Frauen werden das Kind schon schaukeln, während die Männer irgendwo und nirgendwo sind und frei von Verantwortung und Pflichten.

Eine in der Tat einfache Geschichte. Vor allem im Jahre 1977, eine Zeit, in der Streit und Streik zwischen den Geschlechtern hohe Wellen schlagen und die neue Komplizität inklusive der sogenannten »neuen Zärtlichkeit« zwischen Frauen nicht immer ganz so harmlos ist, wie dieser Film es gerne hätte. Hier haben wir Romy Schneider also wieder einmal in der Rolle der verführerischen, allzeit bequemen Abwieglerin, wie schon in den Filmen zuvor. Und ganz wie im Leben. Selbst aus der von ihr gewünschten »Geschichte über Frauen« ist eine »Geschichte für Männer« geworden. Mit Romys Hilfe.

So ist es denn auch keine wirkliche Überraschung, wenn Romy Schneider noch wenige Wochen vor ihrem Tod in einem Interview für PARIS MATCH auf die Frage, ob sie Angst habe vor dem Altwerden, antwortet:

Nein. Aber das ist kein spezielles Frauenproblem. Wissen Sie, was meine Reaktion auf diesen berühmten Frauentag war? (dem 8. März, Anm. d. A.) Ich habe mich gefragt, ob ich nicht einen Männertag organisieren sollte. Denn was denken sich all diese Frauen: daß Männer keine Probleme und Ängste haben? Meinen sie, daß die nicht verwundbar sind? Es gibt Dinge, die mich empören und die ich fast lächerlich finde. Ich liebe die Männer! Ich kann ohne sie nicht leben.

Nein, sie kann ohne sie nicht leben. Aber sie kann auch mit ihnen nicht leben. Was nicht nur an den Männern liegt – sondern auch an Romys Verständnis von der Liebe und der Weiblichkeit.

Noch liebt Romy Schneider nicht nur »die Männer«, sondern auch Daniel Biasini. Über dessen Lebensstil – Affären, immer neue Ferraris, Yachten und Reisen auf

Kosten von Romy – zerreißt sich inzwischen ganz Paris das Maul. Und Romy? Die ist bescheiden geworden. Auf die bohrende Frage eines Journalisten antwortet sie 1980:

So lange Daniel jeden Abend zu mir zurückkommt und die Nacht mit mir verbringt, pfeif ich darauf, was er tagsüber macht. Ich liebe ihn so, wie er ist. Es geht mir privat so gut, daß es mir fast gleichgültig ist, was so alles über uns geschrieben wird. Unser Zusammenleben gibt mir Sicherheit.

Auf diese Sicherheit – und sei es auch noch so eine Scheinsicherheit – ist Romy Schneider in zunehmendem Maße angewiesen. Bei den Dreharbeiten 1980 in Italien zu dem Film »Die zwei Gesichter einer Frau« nehmen ihre Angstzustände so bedrohliche Ausmaße an, daß sie sich in Panik bis zur Bewußtlosigkeit betrinkt und arbeitsunfähig ist. Daniel Biasini wird rantelefoniert – und Romy beruhigt sich.

Immer stärker scheint Romy Schneider die Wirklichkeit auszublenden. Bis es eines Abends nicht mehr länger möglich ist, wegzusehen. Unbemerkt von Daniel kommt sie nach Hause und hört ihn mit seinem Freund Tissier telefonieren (genau mit dem, der vier Jahre zuvor der Presse die Wahrheit über Biasini verkauft hatte). Biasini erzählt Tissier von der neuen Yacht, die er sich kaufen will. Auf den offensichtlichen Einwurf Tissiers, er habe doch schon eine Yacht und die neue sei sicherlich sehr teuer, antwortet Biasini: Richtig, aber das ist kein Problem,

Romy wird schon zahlen. Und dann wörtlich: »Sie tut ja alles, was ich will.«
Romy Schneider läßt ihren Mann nicht merken, daß sie das Gespräch belauscht hat. Am nächsten Tag geht sie zu ihrem Pariser Anwalt, gibt das Gehörte zu Protokoll und reicht die Scheidung ein. Sie vergißt diesmal auch nicht, rasch noch ihre Konten, für die Biasini unbeschränkte Vollmachten hat, zu räumen. Nach der Trennung wird Biasini zunächst als Türsteher eines mondänen Nachtclubs arbeiten und später als »Immobilienmakler« nach Ibiza gehen.
Drei Tage nach dem belauschten Telefongespräch trifft Romys Scheidungsklage bei Biasini ein. Der ist überrascht. Und schlägt zurück. Er wird Romy Schneider an ihrer verletzlichsten Stelle treffen: David.

Das Nahen der Nacht – 1981 bis 1982

Sie kennt den Fotografen Giancarlo Botti schon aus ihrer Zeit mit Delon, als sie sich noch bei Coco Chanel einkleidete. Diesmal ist er zu ihr nach Hause gekommen. Es geht um Porträts von dem Star, und der Vorschlag kommt von ihr. »Willst du Aktaufnahmen von mir machen?« fragt Romy Schneider den überraschten Botti. Der läßt sich nicht zweimal bitten.

Es ist kein Zufall, daß Romy Schneider das just in diesem Moment tut. Die Szene spielt sich im November 1980 ab – in den Wochen, in denen sie die demütigende Trennung von dem neun Jahre jüngeren Biasini durchlebt.

Fünf Jahre zuvor, im Sommer 1975, hatte eine (in eben diesen Biasini) frisch verliebte, übermütige Romy ebenfalls nackt posiert – beim Baden am Strand von Saint Tropez. Damals provozierte die ehemalige Klosterschülerin: »Warum soll ich meinen Körper nicht zeigen? Ich lerne gerade, endlich ohne schlechtes Gewissen zu leben!«

Doch schon ein Jahr danach antwortete eine müde Romy Schneider auf meine Frage nach dem Verhältnis zu ihrem eigenen Körper: »Ich spüre ihn – aber ich will ihn nicht mehr zeigen.« Vier Jahre später will sie es trotzdem noch einmal wissen: Bin ich noch verführerisch? Kann ich mich noch nackt zeigen?

Denn zum Trennungsschmerz kommt die Demütigung, daß ein jüngerer Mann sie betrogen hat. Diesmal provoziert sie nicht aus Übermut, sondern aus Verzweiflung. Biasinis Abgang sei auch »eine Niederlage für sie als Frau«, hämt die BUNTE. Romy müsse eben »endlich einsehen, daß allzu junge Männer eine reife Tragödin zwar schmücken können, aber kaum auf Dauer«. Zu der Zeit ist die »reife Tragödin« 42 und ihr Mann 33 Jahre alt – wahrlich kein gewaltiger Altersunterschied. Er wäre der Rede nicht wert, wenn es umgekehrt wäre.

Trotzdem geht so etwas an einer Frau nicht spurlos vorbei – und schon gar nicht an einer Schauspielerin, die beruflich verpflichtet ist, jung und attraktiv zu sein und zu bleiben. Die Angst vorm Altern ist schon lange da, seit sie 30 ist. An ihrem 34. Geburtstag notiert Romy Schneider:

Manchmal denk ich: na, na? Ich seh mich doch auch im Spiegel. Vor fünf Jahren sah ich noch anders aus ... Herrgott noch mal, jetzt schon? Ich bin ja nicht im häßlichen Charakterfach! Ich muß also noch ein paar Jahre gut aussehen! Ich kenne Kolleginnen, die kennen ihr Leben lang nur eins: ihr Gesicht, ihre Haut! Das tu ich nicht. Noch nicht.

Jetzt ist Romy Schneider keine 34 mehr, sondern 42. Und sie hat auf bittere Art und Weise erfahren müssen, daß der Mann an ihrer Seite mehr an ihrem Geld interessiert zu sein scheint als an ihrer Seele und ihrem Körper. Also geht Romy in die Offensive. Und sie schafft es noch einmal. Die Aktfotos von Botti werden weltweit gedruckt, in Frankreich im PLAYBOY.

Doch da ist noch jemand, dessen Seele verletzt ist

durch das Scheidungsdrama: es ist Romys Sohn David, zu der Zeit 14 Jahre alt. Auch er reagiert verstört auf den Konflikt. Hatte er sich zunächst mühsam an den 19 Jahre älteren Daniel gewöhnen müssen, so ist der jetzt sein Kumpel und Ersatz-Vater, und dessen Eltern sind seine Großeltern geworden. In der Schule läßt David sich schon länger »David Biasini« nennen. Und auf dem Höhepunkt der Krise erklärt David seiner Mutter, daß er bei den Eltern Biasinis in dem Pariser Vorort Saint-Germain-en-Laye bleiben will. Die Mutter gibt nach. Romys Sohn wird zum Faustpfand in der Hand ihres Mannes.

Als Romy Schneider Biasini auffordert, die von ihr gemietete Wohnung zu verlassen, geht er, doch nicht, ohne den von ihr bezahlten Fernseher und die Stereoanlage mitzunehmen. Sodann fliegt er nach Los Angeles, wo er sich als Drehbuchautor und Produzent niederlassen möchte. Das Geld für die Reise, 30.000 Francs, leiht er sich bei seiner Noch-Frau und gibt es so wenig zurück wie die 50.000 Francs für seine letzte Yacht oder den Ring von Romys Vater. Vergeblich fleht Romy Schneider noch Monate später die Mutter Biasinis per Brief an, ihr doch wenigstens »la bague de mon père« wiederzugeben.

Schon lange kursierten Gerüchte über Biasinis Drogen-Konsum, von Haschisch bis Kokain. Als ihr Sohn David von der gemeinsamen Amerikareise mit Daniel zurückkommt, wird Romy den Verdacht nicht los, daß der ihm nicht nur das Autofahren, sondern auch das Haschischrauchen beigebracht hat. Die Spannungen zwischen Schneider und Biasini steigen, David gerät immer stärker zwischen die Fronten des Ehekrieges.

Dennoch. Als Romy Schneider am 31. Januar 1981 zum zweiten Mal den »César« erhält (den sie diesmal Claude Sautet widmet), da sitzt zu ihrer Rechten Yves Montand – und zur Linken David. Auf dem Foto sieht man einen sehr hübschen, sehr blassen und sehr schmalen Jungen, der älter und kindlicher zugleich wirkt.

Romy Schneider ist nicht die einzige Mutter, die bei eigener Einsamkeit Tendenz hat, ihr Kind zu überfordern, indem sie es wie einen erwachsenen Partner behandelt. Seit Jahren schon bezieht sie David in ihr Leben und ihre Arbeit ein, sie fragt ihn nach Rat, macht ihn zu ihrem Vertrauten und nennt ihre Beziehung zu ihm öffentlich ein »Liebesverhältnis«. Zu einem Reporter sagt sie noch wenige Tage vor Davids Tod: »Mein 14jähriger Sohn David und ich haben ein sehr liebevolles und enges Verhältnis zueinander. Er ist mir ein wunderbarer Gefährte. Er begeistert sich für meinen Beruf. Ich halte es für möglich, daß auch er Schauspieler oder Regisseur werden möchte.« – Romy erwartet von dem selbst so verlorenen David also nicht nur, daß er ihr Halt gibt, sondern hofft auch, daß er ihren Weg fortsetzt – nur stärker als sie und selbstbewußter, eben ein Mann.

Doch da ist noch ein Mann: Laurent Pétin, ein sanft aussehender, hübscher 32jähriger, der bei den schwierigen Dreharbeiten in Italien 1980 für Romy zunächst nur Seelentröster und guter Freund war, inzwischen aber mehr ist. Das Muster ist vertraut. Diesmal allerdings scheint es sich um einen Mann zu handeln, der ernsthaft an Romy Schneider interessiert ist. David ist das egal. Ihm reicht's ganz einfach. Er lehnt den Neuen heftig ab und nimmt ihn seiner Mutter übel.

Am 22. Mai 1981 geht die Nachricht über alle Ticker: »Romy Schneider im Krankenhaus. Ihr Zustand ist sehr ernst.« Noch am selben Tag wird sie in dem berühmten Amerikanischen Hospital von Neuilly operiert: eine Niere wird entfernt. Krebs? Nein, es ist ein gutartiger Tumor.

Nicht nur Laurent Pétin ist am Krankenbett. Auf den Bäumen vor der Klinik turnen die Fotografen für ein Foto von der frisch Operierten. Das Krankenzimmer ist übersät mit Blumen und Grußadressen, darunter auch eine von Präsident François Mitterrand. Und täglich melden die Nachrichten den Gesundheitszustand von »Madame Schneider«, die längst ein französisches Nationalgut geworden zu sein scheint. Nur einer kommt, auf Romys ausdrücklichen Wunsch, nur einmal in diesen Wochen an ihr Bett: ihr Sohn David. Der Konflikt schwelt weiter: Beide, Mutter wie Sohn, scheinen sich von dem jeweils anderen verraten zu fühlen.

Nach der Entlassung aus dem Krankenhaus geht Romy Schneider erst einmal wieder in die Diätklinik auf der bretonischen Halbinsel Quiberon. Dabei geht es nicht nur um Erholung, sondern auch, wieder mal, um das seit 20 Jahren so hart umkämpfte »Idealgewicht«, das bei einer Schauspielerin noch unter dem einer »normalen Frau« zu liegen hat. Es braucht nicht viel Phantasie, sich auszumalen, was diese permanenten Hungerkuren für den schon geschwächten Körper und die strapazierten Nerven bedeuten. Doch der nächste Filmvertrag ist bereits unterschrieben.

Zurück in Paris synchronisiert Schneider den Film »Das Verhör«. Am 24. Juni trifft sie ihren Sohn David und geht mit ihm in das Synchronisationsstudio. Schon lange ist es üblich zwischen den beiden, daß ihr in Frankreich aufgewachsener Sohn den ganz leichten Akzent der Mutter und ihre kleinen Fehler verbessert. Nach getaner Arbeit gehen die beiden noch in die Cafeteria und tuscheln miteinander. Es gibt Fotos von dieser letzten Begegnung. Sie zeigen eine sehr ernste Romy und einen sehr zärtlichen David, der ihr die Tränen trocknet.

Elf Tage später ist alles zu Ende. Sie ist für ein paar Tage mit Laurent Pétin in die Provence gefahren. Da ereilt sie am Pfingstsamstag die Nachricht: Ihr Sohn ist bei dem Versuch, über den Eisenzaun der Biasinis zu klettern, ausgerutscht und auf die speerartige Umzäunung gefallen. David stirbt noch am selben Abend im Krankenhaus.

Romy Schneider erhält die Mitteilung von dem Tod ihres Kindes im Krankenhausflur – umzingelt von Journalisten. Ihr Schmerz findet keine Worte. Gelähmt und stumm steht sie da. Sie scheint das Unbegreifliche nicht verstehen zu können.

Das Foto des toten David unter dem Leichentuch wird weltweit meistbietend verschachert. Die Jagd nach einem Foto von der »verzweifelten Mutter« hält an. In dieser Stunde bewährt sich Alain Delon. Er organisiert die Beerdigung von David und, mit seinen Leibwächtern, die Abschirmung für Romy. Die wird erneut ins Amerikanische Hospital gebracht und unter schwere Beruhigungsmittel gesetzt. »Warum trifft das alles mich?« fragt sie beim Aufwachen.

Ein paar Wochen lang sieht es so aus, als würde der Schmerz sie niederknüppeln. Doch dann entschließt Romy Schneider sich weiterzuleben. Sie will den bereits unterschriebenen Vertrag für den nächsten Film erfüllen. »Man kann einen Augenblick lang nachdenken«, sagt sie in einem Interview auf die Frage nach dem Warum. »Aber dann muß man weitermachen. Stehenbleiben ist für mich nicht möglich.« Sie betont, wie unentbehrlich die Arbeit für sie ist: »Man stürzt sich in die Arbeit, weil man es tun muß – und es hilft auch ein wenig zu vergessen.«

Im Oktober 1981 beginnen die Dreharbeiten zur »Spaziergängerin von Sans-Soucis«. Romy ist stolz darauf, daß der Film ihre Idee ist: zum ersten Mal in ihrer ganzen Laufbahn hat sie ein Projekt initiiert. Den Vorschlag zu der Verfilmung des Romans von Joseph Kessel aus dem Jahre 1937 hatte sie schon länger gemacht. Sie war es auch, die Jacques Rouffio als Regisseur vorschlug.

In dem Film spielt Schneider eine Doppelrolle: die der Elsa Wiener und der Lina Baumstein. Elsa flieht mit ihrem von den Nazis verfolgten Mann (dargestellt von Helmut Griem) von Berlin nach Paris. Sie kann den Mann nicht retten, obwohl sie so weit geht, dafür mit einem deutschen Diplomaten ins Bett zu gehen, der ihr Hoffnungen macht. Lina ist die Frau an der Seite von Max Baumstein (dargestellt von Michel Piccoli), der 40 Jahre danach einen seiner Peiniger von damals wiedererkennt (eben den, mit dem die verzweifelte Elsa sich vergeblich prostituiert hatte); der ist inzwischen Botschafter für ein südamerikanisches Land. Baumstein erschießt den Alt-Nazi. Er wird freigesprochen – jedoch wenig später zusammen mit seiner Gefährtin von Neonazis erschossen.

Der Film, eine deutsch-französische Koproduktion, entgleitet dem Regisseur leider ins Pathetische. Doch er gehört in die lange Reihe von Anti-Nazi-Filmen, die Romy Schneider gedreht hat. Das Warum aber und die Verwicklung der eigenen Eltern in diesen dunklen Teil deutscher Geschichte wird sie bis zuletzt nicht thematisieren; selbst dann nicht, als sie 1981 von dem französischen Journalisten Drucker direkt danach gefragt wird – da lenkt sie ab und spricht von Meyens KZ-Erfahrung. Vermutlich hat sie es auch selbst verdrängt. Im Film aber versucht Romy Schneider wiedergutzumachen. Doch es fällt auf, daß sie in diesem, ihrem 59. und letzten Film nicht so stark ist wie gewohnt. Die professionelle Kraft, die trotz alledem immer da war, scheint Romy zu verlassen.

Kein Wunder. Die Dreharbeiten sind überschattet von Davids Tod. Ihr Hotelzimmer in Berlin ist gepflastert mit Fotos ihres Sohnes. Als ihr Filmsohn (im Alter von David) in einer Szene ein Geigensolo für sie spielt, bricht sie in Tränen aus. Und zu einer Freundin sagt sie: »David geht es gut. Er ist bei mir.« Auch hier scheint sie nicht zu verarbeiten, sondern zu verdrängen.

Mehr denn je verstummt Romy Schneider, jetzt sogar bei der Arbeit. Selbst mit ihrem Regisseur verkehrt sie überwiegend schriftlich, notiert auf ihren kleinen, typischen Zetteln, welche Vorschläge sie für diese oder jene Szene zu machen hat.

Am 7. und 8. November hat Romy Schneider ein drehfreies Wochenende. Sie lädt Mutter Magda und Bruder Wolfi nach Berlin ein. Aus Paris kommt Laurent Pétin mit Sarah dazu. Es ist das letzte Familientreffen. Im vertrauten Kreis übt Romy sich in Tapferkeit: Sie erzählt von ihren Plänen, dem Haus auf dem Land, dem nächsten Film mit Delon... Sie versucht, ihr »vie douloureuse« so schmerzfrei wie möglich zu leben. Sie redet sogar von einem dritten Kind.

Im Januar 1982 fliegt sie zusammen mit Laurent und der inzwischen viereinhalbjährigen Sarah, die auf Fotos vergnügt und pumpelgesund aussieht, für ein paar Sonnentage auf die Seychellen. Für ein, zwei Wochen wird Davids Stimme, die Romy Nacht für Nacht hört, leiser. Im März schreibt sie an Mutter Magda:

Mammi! Wir haben ein Haus! Endlich! Ein wunderschönes Haus auf dem Land. Hier will ich endgültig leben. Hier will ich mich um meine Tochter kümmern, hier will ich Konfitüre einkochen, unter den Bäumen spazierengehen, endlich richtig leben. Und hier will ich alt werden.

Diesmal erspart das Schicksal Romy Schneider die Zerstörung ihrer Illusionen. Sie wird nur noch wenige Wochen zu leben haben.

Am 9. Mai fliegt sie mit Laurent Pétin nach Zürich, wo, aus steuerlichen Gründen, ihr Vermögensverwalter, der Anwalt Kaestlin, seinen Sitz hat. Es geht um Geld für das Landhaus, das sie in Boissy sans Avoir kaufen will, denn zum ersten Mal im Leben von Romy ist Geld ein Problem. Obwohl sie lebenslang sehr viel gearbeitet und sehr viel

verdient hat, ist kein Geld mehr da. Sie hat sogar Schulden: das französische Finanzamt verlangt Nachzahlungen in Millionenhöhe.
Wo das Geld ist? Schwer nachzuvollziehen. Allein ausgegeben hat sie es jedenfalls nicht. Alle Männer, außer Delon, haben bei ihr kassiert, von Blatzheim bis Biasini. Und nach ihrem Tod wird sich auch noch herausstellen, daß sogar ihr Schweizer Vermögensverwalter die auf dem Konto eingegangenen Millionen-Honorare eigenartigerweise nicht mehr hat.
Aber noch lebt Romy Schneider, sie hat sogar Zukunftspläne. Zu Laurent sagt sie: »Ich habe das Gefühl, daß ich am Ende des Tunnels angekommen bin.« Dennoch, in der Schweiz schreibt sie ganz plötzlich und mitten in der Nacht ein neues Testament, weder Lebensgefährte Pétin noch ihr deutscher Anwalt Senfft können sie daran hindern. In ihrer großen, energischen, inzwischen leicht fahrigen Schrift hält sie fest:

10. 5. 1982 Zürich. Mein Testament. Ich bitte Herrn Dr. H., alles was ich – Romy Schneider – besitze: an Laurent Pétin und meine Tochter Sarah zu überweisen! Ich meine: Es ist, nochmals gesagt, mein Testament. All mein Besitz gehört, ist bestimmt für Mr. Laurent Pétin und Sarah! Dies ist mein Wille und bleibt meine Entscheidung. Romy Schneider.

Die Schrift fängt ganz groß an und wird, bis zu Romys Unterschrift, immer kleiner. Anwalt Senfft nimmt das Testament an sich.

In diesen Wochen und Monaten versucht Laurent Pétin ihr beizustehen, so gut er kann. Er wirft die vielen Tabletten weg – sie versteckt sich neue. Er versucht, darauf zu achten, daß sie weniger trinkt – sie trinkt heimlich. Und selbst er, der sanfte junge Mann, tritt schon seit Beginn ihrer Bekanntschaft und lange vor Beginn ihrer Beziehung Romy gegenüber sehr bestimmend auf. Was diese einerseits durch ihre Hilflosigkeit und Auslieferung immer wieder provoziert – wogegen sie jedoch andererseits bei all ihren Männern irgendwann rebelliert.

Am Abend des 28. Mai sind sie bei Pétins Bruder Jérôme und dessen Frau Claude eingeladen. Gegen zwei Uhr nachts gehen Romy und Laurent durch die laue Frühlingsnacht zu Fuß nach Hause in die Rue Barbe-de-Jouy, unweit vom Invalidendom. Auf dem Weg sprechen sie über ihre Wochenendpläne: Romys Freund Jean-Claude Brialy hat sie auf sein Landschloß eingeladen.

Zu Hause angekommen, werfen sie noch einen Blick auf die schlafende Sarah, dann sagt Romy: »Geh schon schlafen. Ich komme etwas später. Ich bleibe noch ein bißchen mit David und höre Musik.« So, wird Laurent später sagen, hat sie jeden Abend geredet.

Als er am nächsten Morgen wach wird, ist das Bett neben ihm leer. Er geht ins Wohnzimmer und findet Romy schlafend an ihrem Schreibtisch. Vor ihr liegt ein angefangener Brief an das F MAGAZIN (die damals noch erscheinende französische Variante von EMMA). Laurent spricht Romy an, berührt sie. Romy antwortet nicht mehr. Ihr Herz ist stehengeblieben – gegen fünf Uhr morgens, wird der Arzt später feststellen.

Der Kitsch und die Sensationshascherei, von denen Romy sich ein Leben lang nicht befreien konnte, begleiten sie bis in den Tod. »Im Morgengrauen brach ihr Herz«, titelt die Sensationspresse. Und: »Romy Schneider hat sich umgebracht!«

Nein, sie hat sich nicht umgebracht. Denn es ist unvorstellbar, daß eine Romy Schneider gegangen wäre ohne dramatischen Abschiedsbrief. Aber: sie hat sich umbringen lassen. Zu viele mörderische Faktoren auf einmal haben ihr die Kraft zum Weiterleben geraubt: der Schmerz um David, die Folgen der Nierenoperation, die Schwächung durch zwanzig Jahre Hungerkuren, der Alkohol, die Überdosis Tabletten – und die Überdosis Weiblichkeit.

Diese – nicht zuletzt von den eigenen Müttern – von früh an eingehämmerten Minderwertigkeitsgefühle. Diese – nicht zuletzt durch die eigenen Daddys – erlittenen Demütigungen und Übergriffe. Diese Fluchten vor der Realität in Traumwelten. Diese (Selbst-)Bestrafung für »unweibliches« Verhalten und »männliche« Ambitionen. – Das ist die Andere. Sie ruft die Eine, ihre zu freie Hälfte, lebenslang zur Ordnung und engt sie ein.

Wie viele Frauen hat auch Romy Schneider es letztendlich nicht geschafft, diese »Andere« definitiv zu töten. Seit ihrem achten Lebensjahr stand die hinter ihr und hat ihre »Unbefangenheit zerstört«, hat sie immer wieder in den Abgrund gestürzt – solange, bis sie es nicht mehr geschafft hat, hochzukommen. Die Andere war stärker als die Eine – nicht zuletzt, weil Romy selbst zu halbherzig gekämpft hat.

Es war bezeichnenderweise Romy Schneiders eigener Wunsch, daß auf ihrem Grabstein nichts anderes steht als ihr bürgerlicher Name: Rosemarie Albach. Ist das nur eine »Rückkehr zu den Wurzeln«? Oder ist es mehr – eine Art Selbstvernichtung, ein Sichausradieren? Denn noch wissen zwar die Menschen, die zu ihrem Grab auf dem Dorffriedhof 50 Kilometer vor Paris pilgern, daß sich hinter diesem Namen die einst weltberühmte Schauspielerin Romy Schneider verbirgt. Aber irgendwann wird auch das vergessen sein – und sie selbst wird dazu beigetragen haben. Die Andere, die ohne Ruhm und ohne Namen, wird dann in Boissy sans Avoir verscharrt sein.

Bei der Vollstreckung dieser Art von (Selbst-)Vernichtung hat Romy lebenslang viele Helfer gehabt. Nicht nur mothers little helpers, auch die vielen kleinen und großen Lieben einer Frau. Männer. Männer wie Alain Delon, der zwar chevaleresk und prompt wieder zur Stelle ist, der alles in die Hand nimmt und organisiert, der sich jedoch mit seinem dramatisch am Tag von Romys Beerdigung in PARIS MATCH veröffentlichten Abschiedsbrief ein letztes Mal entlarvt.

Diesen Brief (»Adieu ma Puppele«) hat Delon übrigens noch nicht einmal selbst geschrieben. Autor ist der in Frankreich als windig bekannte, entlassene Ex-Sekretär von Sartre, Jean Cau. Der Brief beginnt mit den Worten: »Ich sehe dich schlafen. Ich bin bei dir, an deinem Totenbett. Du trägst eine lange Tunika, schwarz und rot, mit Stickereien auf dem Oberteil. Es sind Blumen. (...) Ich sehe dich an, noch und noch. Ich kenne dich so gut und so genau. Ich weiß, wer du bist und warum du tot bist.«

So weit, so anmaßend und verlogen. Doch es kommt ärger. »Ich habe aus dir eine Französin, einen französischen Star gemacht«, schwadroniert Delon (auch er also ein Schöpfer Romys) und fährt fort: Aber »du warst immer auf der Hut, wie ein Tier, das verfolgt wird, ›gehetzt‹, wie man von einer Hirschkuh sagt. Du hast gewußt, daß das Schicksal dir mit einer Hand nahm, was es dir mit der anderen gab.«

Ein Schicksal, das Namen hat: Alain oder Harry oder Daniel.

Delons so bezeichnende und finale Okkupation von Romys Seele und Körper gipfelt schließlich in den Sätzen: »Ich schreibe, während du dich ausruhst. Und ich weine, ganz nah bei dir, daß – nein, nein, nein – dieser schreckliche Beruf kein Beruf ist für eine Frau. Ich weiß es, weil der Mann, der ich bin, dich am besten gekannt hat.«

Ausgerechnet Alain Delon soll Romy Schneider am besten gekannt haben? Und ausgerechnet er weiß, daß »dieser schreckliche Beruf« nichts ist für sie, ja überhaupt nichts für eine Frau?

Wie hatte Romy noch 1971 in ihrem rasenden Brief über Lucky Waldleitner geschrieben? »Auslamentiert hat es sich!... Ihr entziffert mich nicht! Nicht mehr. Das tue ich, und zwar so, wie ich es will!« Und als ein deutscher Interviewer ein paar Jahre zuvor die 27jährige Romy fragte, was denn nach ihrer Meinung eigentlich hinter dem Schneider-Mythos stecke, da zögerte Romy lange und antwortete dann mit leiser Stimme: »Ich weiß es nicht... Ich hoffe, die Arbeit.«

In der Tat. Im Leben von Romy Schneider hat es viele Leidenschaften gegeben, doch nur einer war sie immer treu: ihrer Arbeit. Posthum ausgerechnet zu dieser passionierten Schauspielerin zu sagen, dieser Beruf sei nichts gewesen für sie – das heißt, Romy Schneider ein zweites Mal töten. Denn wenn es ein Vermächtnis von Romy Schneider gibt, dann ist es ihre Arbeit, sind es ihre Filme.

Gegen Ende ihres Lebens geht die selbstkritische Romy Schneider selbst die Liste ihrer 59 Filme durch und kreuzt zehn als »gut« an. Es bedrückt sie, daß kein wirklich überragender Film dabei ist – was an der Zeit, an den Regisseuren, aber auch an »der Anderen« gelegen hat. Romys Überdosis Weiblichkeit hatte sich wie Mehltau über ihr Leben und ihre Arbeit gelegt.

Nach dem Tod von Romy Schneider tritt niemand ihr materielles Erbe an, denn es ist kleiner als der Schuldenberg. Und wo sind Romys persönliche Sachen geblieben? Ihre Briefe, ihre Fotos, ihr Schmuck, ihre Kleider? Noch nicht einmal ihr deutscher Testator Senfft weiß das. Jeder scheint sich bedient zu haben, alles scheint in alle Winde verstreut zu sein.

Ihr künstlerisches Erbe aber bleibt präsent und in seiner Ernsthaftigkeit jederzeit neu überprüfbar. Denn die Schauspielerin Romy Schneider hat mehr, viel mehr gegeben als die meisten. Doch ihre eigene Halbherzigkeit – das, was Virginia Woolf die »Verlogenheit« nennt – hatte sich vor ihre innere Freiheit geschoben – und so den für die höchste Qualität so zwingend notwendigen letzten Schritt verhindert.

Romy Schneider selbst hatte diese Gefahr früh erkannt. In der Nacht im Dezember 1976 schleuderte sie mir entgegen: »Ich will nicht mehr lügen!« Und auf meine Frage: Aber was ist dann deine Wahrheit, Romy? antwortete sie auf französisch: »Die suche ich noch. Aber eines habe ich schon gefunden: Ich will nicht mehr lügen!« Sie will auch sich nicht mehr belügen. Sie meint damit nicht nur die äußere, sie meint auch die innere Verlogenheit, gegen die die Virginias und Romys in starken Momenten ankämpfen – und der sie in schwachen erliegen.

Fast 22 Jahre nach unserem Gespräch in der Dezembernacht in Köln finde ich in einer tiefen Schublade das Tonband wieder. 90 Minuten Romy Schneider im Originalton – und dazwischen immer wieder die Order: »Arrête la machine!« (Halte das Tonband an.) Ihre tiefe, erotische, oft aggressive Stimme schlägt mir entgegen, als sei es gestern gewesen. Voller Verzweiflung – aber auch nicht frei von Pathos, von Kitsch. Um Gleichgewicht ringend. Schwankend zwischen Unterwerfung (»Du bist viel intelligenter als ich«) und Tyrannei (»Wehe, du verrätst mich!«).

»Wir Frauen müssen diese Mischung von Angst, Schwäche, Aggressivität und Haß in den Griff kriegen«, sagt sie. »Autrement on reste des Palatschinken.« (Sonst bleiben wir Palatschinken.) Nein, ein Palatschinken war Romy nie, aber in den Griff gekriegt, hat sie es auch nicht.

An diesem langen Abend in Köln verstehe ich noch genauer als in der Talkshow, welche Funktion die Verführung bei ihr hat. Sie verführt auch aus Angst – um das ihr stärker scheinende Gegenüber in der Umarmung zu befrieden.»Ich vertraue dir. Ich weiß, daß du mich gern hast«, sagt sie zu mir. Und schmeichelnd:»Ich bin extra wegen dir hergekommen. Eine halbe Stunde lang habe ich deine ewig besetzte Nummer gewählt...«

Für Romy Schneider ist Verführung keine Frage der Lust, sondern eine Frage der Macht. Das ist ihr Terrain. Da fühlt sie sich sicher. In dieser Arena ist sie gewohnt, zu siegen. Und so kommt es, daß auch und gerade ihre Liebesbeziehungen nie gleichberechtigt sind: Sie unterwirft sich – oder sie unterwirft. Sie wird besiegt – oder sie besiegt. Und sie bleibt dabei entweder auf der Strecke – oder aber sie verliert das Interesse. Verführen ist ihre Leidenschaft, nicht Verführung.

Über ihre größte Leidenschaft, ihren Beruf, spricht Romy Schneider an diesem Abend ernüchtert.»Ich liebe meine Arbeit, sie ist meine Passion«, sagt sie.»Aber ich bin es leid, immer wieder andere Frauen zu sein. Ich will endlich ich selbst sein. Ich will mich endlich ausruhen.«

Übrigens: Als Sissi, als die sie so berühmt wurde und für die auch ich früher nur Verachtung hatte, habe ich Romy Schneider erst nach ihrem Tod gesehen – und war tief beeindruckt von der Ausstrahlung, die sie schon als junges Mädchen hatte.

Wie schade, Romy, daß ich dir das nicht mehr sagen kann: Für deine Sissi-Filme hättest du dich wirklich nicht schämen müssen. Denn dein Leuchten überstrahlt das Mittelmaß dieser Schnulze. Zu Recht lieben dich die Menschen dafür.

Textnachweis

Die Originalzitate von Romy Schneider entstammen den Gesprächen mit der Autorin und u. a. den Zeitschriften STERN, BUNTE, QUICK, DEUTSCHE ILLUSTRIERTE, PARIS MATCH, NOUVEL OBSERVATEUR, den Büchern »Der Fall Romy Schneider« von Michael Jürgs (München 1991), »Ich, Romy. Tagebuch eines Lebens«, Hrsg. Renate Seydel (Berlin 1990) und »Romy Schneider. Ein Leben in Bildern« (Berlin 1987), sowie diversen Filmporträts, darunter das von Hans-Jürgen Syberberg (Bayerischer Rundfunk) und »Rosemarie Magdalena Albach« von Christiane Höllger und Claudia Holldack (WDR). Die Zitate von Hildegard Knef entstammen ihrem Buch »Meine Freundin Romy« (München 1983).

Fotonachweis

Bildteil 1   S. 1: Hipp-Foto, Berlin, S. 2 Mitte: Ullstein Bilderdienst, Berlin, S. 2 oben und unten: Archiv Renate Seydel, S. 4: Stiftung Deutsche Kinemathek, Berlin, S. 5 oben: Kinoarchiv Hamburg, S. 6 oben: Krzykowski, SV Bilderdienst, München, S. 7: Sygma Keystone, Paris

Bildteil 2   S. 2 oben: Archiv Renate Seydel, unten: NDF, Neue Deutsche Filmgesellschaft, S. 3: Ullstein Bilderdienst, Berlin, S. 5: Stiftung Deutsche Kinemathek, Berlin, S. 6 unten: Archiv Renate Seydel, S. 7 oben: Sygma Keystone, Paris, S. 7 unten: Archiv Renate Seydel, S. 8: Marion Schweitzer, München

Bildteil 3   S. 1: R. A/ Gamma, Paris, S. 3: SV Bilderdienst, München, S. 4: Ullstein Bilderdienst, Berlin, S. 5 unten: Archiv Renate Seydel, S. 6 oben und unten: Archiv Renate Seydel, S. 7: Archiv Renate Seydel, S. 8: Stills, Studio X, Paris

Bildteil 4   S. 2 oben: Ullstein Bilderdienst, Berlin, S. 2 unten: Sven Simon, Essen, S. 4: Sygma Keystone, Paris, S. 5: Sygma, Paris, S. 6 unten: Sygma/Sunset, Paris

Bildteil 5   S. 1, 2 unten: Emil Perauer, Transglobe, Hamburg, S. 4 oben und unten: Stiftung Deutsche Kinemathek, Berlin, S. 5: Stiftung Deutsche Kinemathek, Berlin, S. 6: Robert Lebeck, picture press, S. 7: Michel Artault, Gamma, Studio X S. 8: Robert Lebeck, picture press

Bildteil 6   S. 1: Robert Lebeck, picture press, S. 2-3: dpa, S. 3 unten: Gabriele Jakobi, Köln, S. 4-5: Gabriele Jakobi, Köln, S. 6 oben: Robert Lebeck, picture press, S. 6 unten: Robert Lebeck, picture press, S. 7: unten: Apesteguy, Gamma, Studio X, Paris, S. 8: Sygma, Paris

Nicht alle Inhaber von Fotos konnten ermittelt werden; sie werden gebeten, eventuelle Ansprüche geltend zu machen.

Alice Schwarzer – Marion Dönhoff
Ein widerständiges Leben
Mit zahlreichen Abbildungen. Gebunden

Alice Schwarzer begegnet Marion Gräfin Dönhoff – das Ergebnis ist ein überraschendes, passioniertes Porträt von Deutschlands bedeutendster Journalistin der Pioniergeneration.

Alice Schwarzer – So sehe ich das!
Über die Auswirkung von Macht und Gewalt
auf Frauen und andere Menschen
KiWi 449. Originalausgabe

Alice Schwarzers Essays und Kommentare aus den letzten Jahren – ein Buch von Deutschlands bekanntester und einflußreichster Feministin, bei der sich journalistische Brillanz mit politischem Engagement verbindet.

Alice Schwarzer – PorNo
Opfer & Täter, Gegenwehr & Backlash
Verantwortung & Gesetz
Ein EMMA-Buch
KiWi 338

Nie war das Thema so aktuell. Die EMMA-Herausgeberin warnte schon früh vor den Folgen der massenhaften Verbreitung pornographischer Bilder und Texte, denn »Pornographie verknüpft Lust und Begehren mit Macht und Gewalt«. Der Band dokumentiert den Kampf von Frauen gegen Pornographie in den letzten 15 Jahren: von der »stern«-Klage 1978 über den Gesetz-Entwurf 1988 bis hin zur Newton-Kritik.

Anna Dünnebier/Gert v. Paczensky
Das bewegte Leben
der Alice Schwarzer

Die Biographie
Mit 32 Abbildungen

Jeder kennt das Klischee der Emanze Nr. 1 – kaum jemand kennt den Menschen Alice Schwarzer. Zum ersten Mal hat Alice Schwarzer für dieses Buch die Tür zu ihrem Leben geöffnet. Sie hat Anna Dünnebier und Gert v. Paczensky in ausführlichen Gesprächen über alle Abschnitte ihres Lebens Auskunft gegeben. Auf der Basis der Auswertung von Dokumenten aus privaten und öffentlichen Archiven und einer Vielzahl von Interviews mit Menschen aus ihrer Umgebung ist so die erste umfassende Biographie über eine der faszinierendsten Frauen der Gegenwart entstanden.

Wenn Sie mehr von Alice Schwarzer lesen wollen: das Mini-Abo von Emma.

DER ABO-COUPON.

EMMA. DAS MAGAZIN VON ALICE SCHWARZER. EIN HALBES JAHR LANG FÜR 17,80 DM (STATT 35,40 DM). NACH ERHALT DER DRITTEN AUSGABE KANN ABBESTELLT WERDEN. ODER DAS ABONNEMENT LÄUFT WEITER. COUPON SENDEN AN: EMMA-SERVICE, POSTFACH 810640, 70523 STUTTGART, FAX 07 11/7 25 23 33.

NAME:

ADRESSE:

UNTERSCHRIFT: